Krafttraining

Werner Kieser

KRAFTTRAINING

Im FALKEN Verlag sind weitere Titel zum Thema Krafttraining erschienen.
Fragen Sie in Ihrer Buchhandlung.

Dieses Buch wurde auf chlorfrei gebleichtem
und säurefreiem Papier gedruckt.

Nachauflage 1996
ISBN 3 635 60011 3

© 1995 by Falken-Verlag GmbH, 65527 Niedernhausen/Ts.
Die Verwertung der Texte und Bilder, auch auszugsweise, ist ohne Zustimmung des Verlags urheberrechtswidrig und strafbar. Dies gilt auch für Vervielfältigungen, Übersetzungen, Mikroverfilmung und für die Verarbeitung mit elektronischen Systemen.

Umschlaggestaltung: Zembsch' Werkstatt, München
Titelfoto: Pictor International, München
Redaktion dieser Auflage: Christiane Rückel
Fotos: Inge Jones, Florida
Zeichnungen: Gerhard Scholz, Dornburg (Seiten 41, 62–65); Günter Wiesler, Riding (Seiten 68–83); alle übrigen: Max Boegli, Neuchâtel
Produktion: VerlagsService Dr. Helmut Neuberger
& Karl Schaumann GmbH, Heimstetten
Druck: Paderborner Druck Centrum

Die Ratschläge in diesem Buch sind vom Autor und vom Verlag sorgfältig erwogen und geprüft, dennoch kann eine Garantie nicht übernommen werden. Eine Haftung des Autors bzw. des Verlags und seiner Beauftragten für Personen-, Sach- und Vermögensschäden ist ausgeschlossen.

Inhalt

Vorwort zur neuen Auflage	7
Nutzen und Anwendung	8
Was ist Krafttraining?	8
Welche Resultate bringt Krafttraining?	9
Krafttraining im Leistungssport	12
Bodybuilding	14
Ausdauertraining: Krafttraining für das Herz	15
Krafttraining als Therapie	18
Fettabbau	20
Krafttraining für die Frau	24
Training im Alter	26
Geräte	29
Die Idee des progressiven Widerstandes	29
Vier Entwicklungsstufen	31
Verbesserungen, Pseudo-Fortschritte – Rückschritte	33
Perspektiven	36
Körper und Muskeln	37
Das Gewebe unseres Körpers	37
Die Muskelfasern	40
Trainingsintensität und Trainingsumfang	50
Trainingsprinzipien	60
Die wichtigsten Muskeln und Ihre Funktion	62
Das Grundprogramm	66
Die Übungen des Grundprogramms	67
Die Spezialübungen	72
Methoden zur Intensivierung des Trainings	84
Das Vorermüdungs-Prinzip	84
Die Negativ-Methode	85
Ernährung, Nahrungszusätze und Medikamente	86
Flankierende Maßnahmen	90
Lebensführung	91
Trainingsgelegenheiten	91
Aufgaben des Trainers/Instruktors	92
Schlußwort	94
Literatur	95
Register	96

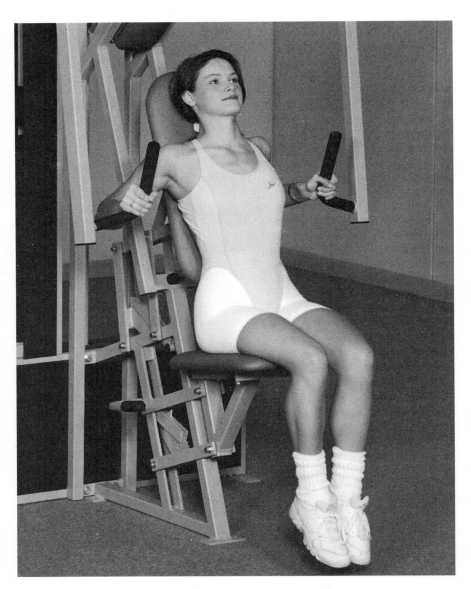

Vorwort

Vorwort zur neuen Auflage

Das Krafttraining hat dort Einzug gehalten, wo es zweifellos den größten Nutzen bieten wird: in der Medizin. Die Universität von Florida hat 1987 mit der Erforschung des »Rückenproblems« begonnen und festgestellt, daß achtzig Prozent der Rückenbeschwerden von einer zu schwachen Rückenmuskulatur herrühren.

Altersschwäche wird ebenfalls allmählich als das erkannt, was es in Wirklichkeit ist: nämlich Muskelschwäche durch Nichtgebrauch. Während die Mehrzahl der Therapeuten ihren Patienten noch immer Wickel, Massage und vor allem Schonung empfiehlt, hat eine Minderheit von mutigen Ärzten begonnen, das genaue Gegenteil zu verordnen, nämlich Belastung statt Schonung.

Max Planck soll gesagt haben, daß Fortschritt nur deshalb möglich sei, weil die Autoritäten sterben. Tatsächlich wurden in den letzten Jahren einige Fortschritte auf dem Gebiet der Prävention erzielt. Doch nicht nur deshalb, weil die neue Generation noch nicht viel an Autorität zu verlieren hat und daher unbefangener die Probleme angehen kann, sondern auch, weil wir gar keine Wahl haben. Die Gesundheitskosten werden exponentiell wachsen bis zum Kollaps des Gesundheitssystems, wenn nicht über die Verbreitung von Präventivmaßnahmen eine Wende herbeigeführt wird. Die Erfahrung zeigt indessen, daß es oft Jahre und Jahrzehnte dauert, bis Forschungsergebnisse Allgemeingut und damit anwendbar geworden sind – ein Grund für den Autor, dieses Buch auf den neusten Stand zu bringen.

Zürich, im Juli 1995
Werner Kieser

Nutzen und Anwendung

Was ist Krafttraining?

Krafttraining ist kein Sport, sondern ein Mittel zur *Erhöhung der körperlichen Leistungsreserven*. Die originale, auch in der Wissenschaft gebräuchliche Bezeichnung für diese Trainingsform lautet: Training mit progressivem Widerstand.

Solange das Krafttraining lediglich der Sportvorbereitung diente, also ausschließlich von »Gesunden« angewandt wurde, machte man sich kaum Gedanken über seine Dosierung. Erst mit seiner Anwendung in der Rehabilitation tritt sein *therapeutischer Charakter* zutage: Zuwenig nützt nichts, zuviel schadet. Die Bandbreite des Dosierungsoptimums ist schmaler als bislang vermutet.

Worin besteht nun der Wirkungsmechanismus des Trainings? Was unterscheidet Krafttraining von Spiel und Sport oder sonstiger körperlicher Betätigung?

Mit dem Begriff der »Superkompensation« bezeichnet man das eigenartige Verhalten lebender Systeme, erhöhte Beanspruchung mit einem »Aufstocken« der eigenen Reserven zu beantworten. Nach Hautverletzungen beispielsweise machen die Heilungsprozesse nicht halt, wenn der Schaden behoben ist: An der geschädigten Stelle bilden sich Narben; die Haut wird dort dicker, als sie ursprünglich war.

Vergleichbare Reaktionen beobachtet man nach Knochenbrüchen und nach schweren Blutverlusten. Die Wissenschaftler sprechen in solchen Fällen auch von einer »überschießenden Reaktion«. Offenbar handelt der Organismus in der »Absicht«, weiteren Schädigungen mit einem vermehrten Anbau von Gewebe vorzubeugen.

Es handelt sich beim Training somit um eine kurzfristige Beeinträchtigung, »Schwächung« des Körpers im allgemeinen und – je nach Trainingsart – einzelner Systeme, wie z. B. der Muskulatur, im besonderen.

Diese momentane Schwächung bildet den Reiz, das Signal für den Körper, seine Reserven zu erhöhen. Dazu braucht er Zeit.

Resultate

A = Ausgangskraft
T = Temporärer Ktaftverlust
E = Entwicklungstendenz

Zu große Trainingsintervalle bringen keinen Erfolg. Der Trainingsgewinn bildet sich wieder zurück

A = Ausgangskraft
T = Temporärer Ktaftverlust
E = Entwicklungstendenz

Angemessen sind Intervalle von zwei bis sieben Tagen. Jedes Training sollte auf dem Trainingsgewinn des vorangegangenen aufbauen. Die Kraft entwickelt sich rasch und gleichmäßig

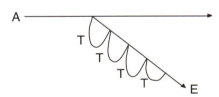

A = Ausgangskraft
T = Temporärer Ktaftverlust
E = Entwicklungstendenz

Zu kurze Intervalle bewirken Muskelmasse- und Leistungsverlust. Das Immunsystem wird geschwächt, die Infektionsanfälligkeit steigt

Welche Resultate bringt Krafttraining?

Korrektes Krafttraining kann Ihr körperliches Wohlbefinden beträchtlich verbessern. Voraussetzung ist allerdings eine korrekte Anwendung.
Der Mensch hat den Körper eines Jägers und Sammlers. Seßhaftigkeit entspricht nicht seiner wahren Natur. Wir in unserer Zivilisationsgesellschaft leiden nicht unter »Streß« und auch nicht unter »Bewegungsmangel«. Wir leiden vielmehr unter einem chronischen Mangel an Widerstand. Im Widerstand allein liegt der Reiz für einen wirksamen Trainingseffekt. Bewegung als solche hat keine Qualität.

Nutzen und Anwendung

Wenn Sie schon etwas älter sind, stoppen Sie mit Krafttraining die Abbauvorgänge. Wenn Sie noch jung sind, schaffen Sie sich damit ein natürliches »Korsett«, das Sie ein Leben lang trägt.

Die Schwerkraft schwindet

Je trainierter Sie sind, desto mehr Kraft steht Ihnen pro Kilogramm Körpergewicht zur Verfügung. Vergessen Sie nicht – es ist allein Ihre Muskelkraft, die Sie aufrecht hält, die Sie die Treppe hinaufbringt, die Sie trägt. Ohne Muskelkraft könnten Sie sich nicht vom Fleck rühren, zumindest nicht ohne fremde Hilfe. Warum fühlt man sich in der Badewanne so wohl? Weil man sich im gegenüber der Luft weit schwereren »nassen Element« leichter fühlt. Ein ähnliches Gefühl bietet Ihnen Ihr auf Kraft trainierter Körper auf Dauer: Sie tragen leichter an sich.

Ihr Aussehen verändert sich positiv

Ihre ganze Erscheinung, auch die Art und Weise, in der Sie sich bewegen, wird durch den Zustand und die Form Ihrer Muskeln bestimmt. Schlaffe, untrainierte Muskeln erzeugen eine schlaffe äußere Erscheinung. Alles strebt nach unten. Mit gezieltem Krafttraining straffen Sie die Muskeln und damit die Figur.

Sie werden so beweglich, wie von der Natur vorgesehen

Korrektes Krafttraining belastet den Muskel auch in gedehntem Zustand. Auf diese Weise wird Beweglichkeit effektiver entwickelt als mit Freiübungen. Die vollständige Kontraktion eines Muskels bewirkt stets auch die vollständige Dehnung seines Antagonisten (z. B. Bizeps/ Trizeps).

Sie beugen Rückenschmerzen vor

Achtzig Prozent aller Rückenbeschwerden haben ihre Ursachen in einer zu schwachen Rückenmuskulatur. Ein starker Rücken kennt keine Schmerzen. Die einzig wirksame Maßnahme zur Vorbeugung und auch zur Therapie ist spezifisches Krafttraining. Passive Maßnahmen (wie Fango, Bäder usw.) verschlimmern auf lange Sicht das Leiden.

Sie verhindern Knochenschwund (Osteoporose)

Nicht nur die Muskeln und Sehnen, sondern auch die Knochen reagieren auf dosierten Widerstand, indem sie stärker werden.

Schnellere Rehabilitation

Krafttraining stimuliert den Aufbaustoffwechsel. Damit verkürzen sich

Resultate

auch allenfallsige Rehabilitationszeiten, z. B. nach Operationen, beträchtlich. Da die einzelnen Muskeln weitgehend isoliert trainiert werden, ist auch dann ein Training möglich, wenn einzelne Gliedmaßen vorübergehend stillgelegt sind, z. B. in einem Gipsverband.

Sie sind gegen Verletzungen besser gewappnet

Trainierte Muskeln weisen eine höhere Gewebedichte auf. Das spezifische Gewicht nimmt zu und damit der Schutz gegen Gewalteinwirkung von außen (Panzerfunktion).

Sie bauen Körperfett schneller ab

Wenn Sie weniger Kalorien aufnehmen, als Sie ausgeben, oder mehr ausgeben, als Sie aufnehmen, zwingen Sie Ihren Körper, sich selbst zu verwerten: Sie verlieren dabei Fett und Muskeln. Darum sehen Leute nach einer Hungerkur oft schlechter aus als zuvor. Bei gleichzeitigem Training jedoch erhalten Sie sich die Muskeln, während der Fettverlust sich beschleunigt. Muskeln sind gute Fettverbrenner.

Sie werden selbstsicher

Das Krafttraining bringt Ihnen Erfolg in bezug auf Ihr körperliches Aussehen und Ihre physische Leistungsfähigkeit. Dies gibt Ihnen eine zusätzliche Selbstsicherheit, die sich in aller Regel günstig auf die zwischenmenschlichen Beziehungen auswirkt.

Ihre Haltung verändert sich positiv

Eine schlechte Haltung ist das Resultat unausgeglichener Zugverhältnisse der Muskeln untereinander. Unsere Alltagsbelastungen, körperliche Arbeit, aber auch sämtliche Sportarten produzieren durch ihre Einseitigkeit sog. »Dysbalancen«. Diese können und sollten unbedingt mit gezieltem Krafttraining korrigiert werden.

Sie erhalten Ihre Kraft im Alter

Daß wir älter werden, läßt sich nicht verhindern, wohl aber daß wir dabei schwach und unbeweglich werden – jedenfalls bis zu einem gewissen Grad. Eine Hauptursache der Altersbeschwerden liegt bekanntlich im Muskel- und Knochengewebe-Verlust. Damit aber schwinden sowohl die Muskelkraft als auch die Kontrolle über den Körper. Gleichzeitig erhöht sich die Verletzungsgefahr, ganz besonders die Bruchgefahr für die Knochen. Trainieren Sie Ihre Kraft – und Sie bewahren sich damit die Kontrolle über Ihren Körper.

Nutzen und Anwendung

Krafttraining im Leistungssport

Wenn alle Bedingungen gleich sind, gewinnt der körperlich Stärkere – in jedem Sport. Was aber sind diese »Bedingungen«?

Veranlagung

Sie mögen dreißig Jahre lang täglich Basketball spielen: Wenn Sie das Pech haben, nur 170 cm groß zu sein, werden Sie nie ein Spitzenspieler. Sie mögen Muskeln haben wie Arnold Schwarzenegger: Wenn Sie lange Arme und lange Beine haben, werden Sie nie ein guter Gewichtheber. Sollten Ihre Beine im Verhältnis zum Torso relativ kurz sein, ist Ihnen eine sportliche Karriere beispielsweise als Hochspringer für immer versagt.

Wenn Ihre Muskelbäuche (der mittlere Teil eines Muskels, zwischen den Sehnenübergängen) relativ kurz sind im Verhältnis zur Länge der Sehnen, ist das Dickenwachstum Ihrer Muskeln derart limitiert, daß Sie es mit allem Training und aller Chemie dieser Welt niemals zum Bodybuilding-Champion bringen werden.

Spitzensport ist eine Auslese von genetisch spezialisierten Individuen. Obwohl dieses Feld für Trainer und Wissenschaftler hochinteressant ist, hat es keine volksgesundheitliche Bedeutung. Vielleicht einer unter zehntausend hat die genetische Disposition eines Arnold Schwarzenegger.

Zur Veranlagung zählen auch neurologische Fähigkeiten, wie beispielsweise die im Sport ausschlaggebende maximal mögliche Reaktionsgeschwindigkeit.

Umwelteinflüsse

Kindheitserlebnisse, Erziehung, soziales Umfeld und Gesellschaftssystem prägen vor allem die Wertvorstellung eines Menschen und damit den Charakter. Durchhaltewillen und Ausdauer (als Charaktereigenschaft) können zweifellos den sportlichen Erfolg fördern, sind aber nur wirksam vor dem Hintergrund einer entsprechenden Veranlagung.

Übung

Das Einüben sportlicher Fertigkeiten gehört zu den Umwelteinflüssen. Ohne Übung kommt auch die beste Veranlagung nicht zum Tragen. Allerdings liegt hier die größte Reserve des Sportlers.

Das Meistern von Bewegungsaufgaben, sei es Kugelstoßen, Boxen oder Klavierspielen, erfordert Koordination. Damit bezeichnet man die Steuerung der Muskeleinsätze durch das Nervensystem. Abläufe, die uns im Alltag als selbstverständlich erscheinen, wie z.B. aufstehen, gehen, sich hinsetzen, stellen sich bei der Analyse als hochkomplizierte, vom Nervensystem genau synchronisierte und feindosierte Kette von Einzelbewegungen heraus, an denen alle Muskeln des Körpers in unterschiedlichem Ausmaß beteiligt sind.

Solche Bewegungs-»Muster« werden erlernt, durch häufige Wiederholung von unzweckmäßigen Nebenbewegungen gesäubert, »eingeschliffen« und schließlich im Hirn als abrufbare, sog. bewegungsempfindliche Erinnerungsbilder gespeichert. Sie heißen »Engramme« und sind spezifische »Verdrahtungen«. Einmal verinnerlicht, fallen uns solche Bewegungen leicht: Man führt sie schließlich unbewußt aus; die einmal aufwendig erlernte Bewegung ist zum Reflex geworden.

Bewegungsmuster sind immer aufgabenspezifisch. Es findet keine Übertragung auf ähnliche Abläufe statt. Die beste »Übung« für den Fußballer ist Fußballspielen. Enthält sein Pensum andere koordinativ anspruchsvolle Aktivitäten, wie z. B. Radfahren, Schwimmen usw., trägt dies absolut nichts bei zu seinen Fähigkeiten auf dem Spielfeld bei.

Kraft verändert den Stil

Es ist noch nicht allzulange her, daß das Krafttraining in der Sportvorbereitung Einzug hielt. Vorurteile haben bekanntlich ein zähes Leben, doch obwohl sich die meisten Ängste der Trainer als unbegründet herausstellten, sind gewisse Vorbehalte nicht von der Hand zu weisen.

Verändern wir die Kraft eines Menschen, verändern sich auch die Verhältnisse der Zugkräfte seines Bewegungsapparates. Nun ist aber die Art, in der ein Mensch seine Bewegungsaufgaben löst, dessen individueller »Bewegungsstil«, das Resultat oder der Ausdruck seiner Kraftverhältnisse.

Stellen Sie sich vor, Ihr Einkommen würde sich in kurzer Zeit verdoppeln. Allmählich würde sich Ihr Lebensstil ändern. Danach lebten Sie auf »größerem Fuß«, das heißt anders als zuvor. Ähnlich kann es Ihnen ergehen, nachdem Sie Ihre Kraft verdoppelt haben: Sie bewegen Sie sich anders als zuvor aufgrund der veränderten Ressourcen.

Krafttraining darf die Koordination nicht stören

In diesem Zusammenhang muß auf ein in der Sportvorbereitung gängiges Verfahren hingewiesen werden,

Nutzen und Anwendung

dessen Beliebtheit leider nichts an der Tatsache ändert, daß es falsch und schädlich ist.

Es handelt dabei sich um die *Imitation* sportlicher Bewegungsabläufe unter erschwerten Bedingungen. Im Streben nach »Praxisnähe« empfiehlt der Trainer z.B. dem Speerwerfer, mit einem schwereren Speer zu üben, in der Hoffnung, daß sein Schützling dadurch eine Kräftigung erzielt und in der Folge den leichteren Speer weiter schleudert. Auch das Üben des Hochsprungs mit einer Bleiweste oder das Üben des Starts beim Sprint gegen den Zug eines Gummiseiles sind Beispiele für dieses Verfahren.

Wie gesagt, handelt es sich hier um äußerst komplexe Steuerungsvorgänge, die an gleichbleibende äußere Bedingungen gebunden sind. Werden solche Bewegungsabläufe unter erschwerten Bedingungen geübt, bildet sich im Unterbewußtsein des Sportlers allmählich ein neues Erinnerungsbild, das vom »alten«, richtigen, d. h. im Wettkampf benötigten, zumindest geringfügig abweicht.

Gerade die Geringfügigkeit der Abweichung aber birgt die Gefahr einer »Entgleisung«, einer Störung des zweckmäßigen Bewegungsablaufes im Wettkampf.

Außerdem ist der mit diesem Verfahren erzielbare Kraftgewinn minimal, weil sich die Belastung auf zuviele Muskeln verteilt und dadurch die Spannung in den Einzelmuskeln oft unter der Reizschwelle bleibt.

Wie soll der Leistungssportler die Kraft trainieren?

»Kurz, intensiv, bis zur (lokalen) Erschöpfung, nicht zu häufig« lautet die Empfehlung für das Krafttraining. Dabei spielt es nicht die geringste Rolle, wozu dieser Kraftgewinn dienen soll. Die Kraft wächst, oder sie wächst nicht. Sie kann nicht »sportartspezifisch« trainiert werden (obwohl viele Trainer dies glauben).

Für das Üben und Erlernen komplexer Bewegungen jedoch gilt das Gegenteil: »So oft wie möglich, aber nie bis zur Erschöpfung« (weil sonst falsche Bewegungsmuster eingeübt werden).

Bodybuilding

Seit Urzeiten haben Menschen einen sichtbar trainierten Körper als erstrebenswertes Ziel erkannt. In Mythen und Religionen materialisiert sich solches Wunschdenken in Figuren wie Herakles, Samson, Thor, den Titanen und anderen.

Ausdauertraining

Auch heute haben kräftige Körper Konjunktur. Das moderne Bodybuilding verdankt seine Verbreitung der Filmindustrie Hollywoods. Als in den vierziger Jahren die ersten Filme gedreht wurden, die in der Antike handelten, zeigte sich ein Mangel an Schauspielern, die mit einem dem heroischen Handlungshintergrund angemessenen Körperbau aufwarten konnten. Und mit echt amerikanischem Elan beschränkte man sich nicht etwa auf die zufällig vorhandenen »Naturtalente«, sondern ging dazu über, den gewünschten Typus buchstäblich zu produzieren.

Damit begann die Verbreitung des Bodybuilding über die ganze Welt. Die Bodybuilder formierten sich zu nationalen und internationalen Verbänden mit eigenen Zielsetzungen und Wettkampfnormen. Das Ziel des Bodybuilders ist, alle Muskeln seines Körpers maximal zu entwickeln, damit dieser ein möglichst vollkommenes Muskelrelief erhält. Bei Wettkämpfen demonstrieren die Konkurrenten im sogenannten »Posing« den Entwicklungsstand ihrer Muskulatur. Sieger wird, wer die (optisch) stärkste und ausgewogenste Entwicklung aufweist. Die Bewertung erfolgt, ähnlich wie beim Kunstturnen, durch eine Jury von Fachleuten.

Im Gegensatz zu den übrigen Sportarten ist beim Bodybuilding das Krafttraining die Hauptmaßnahme zur Wettkampfvorbereitung. Da es hier um die äußere Erscheinung, also die *sichtbare Muskelmasse* geht, spielen Überlegungen zur Funktion des Bewegungsapparates eine untergeordnete Rolle. Trotzdem ist das Bodybuilding eine der wenigen Sportarten, die die Gesundheit fördern.

Daß das Bodybuilding nicht immer eine ungetrübte Presse hat, liegt nicht zuletzt an seinen eigenen Publikationsorganen. Die meisten dieser Zeitschriften dienen fast ausschließlich dem Verkauf der darin angebotenen und beworbenen Produkte, zumeist Nahrungszusätzen und Proteinpräparaten. Diese Verhaftung im Kommerziellen blockiert jeden Ansatz zu einem wirklichen Diskurs. Einen solchen zu fördern (statt zu verhindern) wäre zweifellos eine publizistisch erfolgsträchtige Strategie, da die Nachfrage zur Zeit größer ist als das Angebot.

Ausdauertraining: Krafttraining für das Herz

Die Eigenart des Herzmuskels bringt es mit sich, daß zu seiner Kräftigung eine andere Trainingsform erforder-

Nutzen und Anwendung

lich ist als zum Aufbau der Skelettmuskeln. Die notwendige Spannung wird hier erzeugt durch eine bestimmte Förderleistung. Das Herz muß pro Zeiteinheit mehr Blut pumpen und reagiert darauf mit Dickenwachstum, genauso wie die Skelettmuskeln.

In der Folge erhöht sich dabei auch die Leistungsfähigkeit der Atemmuskulatur: Das Atemvolumen wird größer, die Zahl der Blutgefäße nimmt zu, ja auch die Blutmenge vergrößert sich.

Das Herz ist der wichtigste Muskel im menschlichen Körper. Bei seinem Ausfall tritt sofort der Tod ein.

Angesichts der hohen Kreislaufmortalität haben die Präventivmediziner während der letzten zwanzig Jahre ebenso nachdrücklich wie unermüdlich auf die Notwendigkeit und die segensreiche Wirkung des Ausdauertrainings hingewiesen.

Doch seit kurzem ist diese uneingeschränkte Begeisterung etwas ins Stocken geraten. Denn Biologen haben herausgefunden, daß wohl auch die Menge des Energieverbrauchs ein Kriterium für die Lebensdauer eines Organismus ist. Je mehr Kalorien ein Mensch »verheizt«, desto mehr verkürzt er seine Lebensspanne – in der Tat eine verunsichernde These, die vor allem die extremen Ausdauersportler mit ihrem hohen Energieverbrauch treffen wird.

Bevor jemand seine Ausdauer trainieren kann, muß er über ein Minimum an Kraft verfügen: so viel, daß genügend Widerstände überwunden werden können, damit der Herzrhythmus steigt. Diese Kraft aber ist bei vielen »gesunden« Zeitgenossen schlichtweg nicht vorhanden.

Ausdauertraining ist nichts anderes als Krafttraining für das Herz. Auch der Herzmuskel wird stärker, wenn er höheren Spannungen ausgesetzt wird. Die reizwirksame Spannung wird über die forcierte Förderleistung erreicht. Als Maßstab dient die Pulsfrequenz.

Die aktuelle Empfehlung für die Pulsfrequenz pro Minute lautet: 170 minus halbes Alter. Diese Belastungsintensität sollte zwei- bis dreimal pro Woche für etwa 20 Minuten aufrechterhalten werden.

Wodurch diese Pulserhöhung herbeigeführt wird, ist dabei nicht von Bedeutung. Sie kann durch Radfahren, Laufen, Schwimmen oder Krafttraining herbeigeführt werden.

Im Sinne der Ökonomie des Energie- und Zeitaufwandes ist es sinnvoll, mit

Ausdauertraining

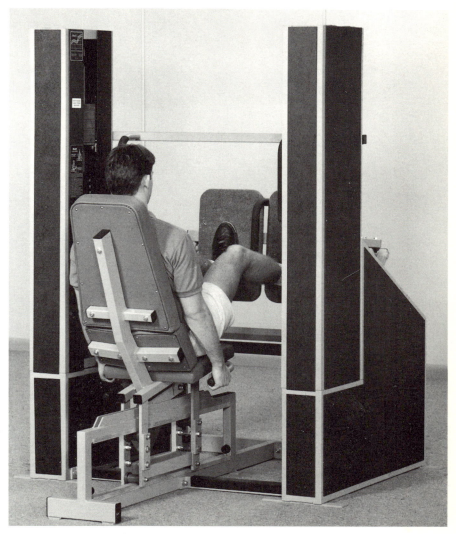

Das Training der großen Muskelgruppen erhöht die Pulsfrequenz und bewirkt einen Trainingseffekt für Herz und Kreislauf. MedX-Leg Press-Gerät

Nutzen und Anwendung

dem Krafttraining auch das Herz zu trainieren. Dann kann auf ein zusätzliches Ausdauertraining völlig verzichtet werden.

Das Rezept dafür ist denkbar einfach: Halten Sie die Pausen zwischen den einzelnen Übungen *unter* 15 Sekunden.

Krafttraining als Therapie

Nach Aussage führender Orthopäden liegt die Ursache von etwa achtzig Prozent aller Rückenbeschwerden in der Schwäche der Rückenmuskulatur, genauer der Lumbal-Extensoren.

In den Sportstudios ist die Tatsache, daß Krafttraining Rückenschmerzen beseitigen kann, schon lange bekannt. Nur gewann man solche Erkenntnisse bislang eher im »Trial and error-Verfahren«: Manchmal nützte es, manchmal nicht; gelegentlich verschlimmerte sich gar das Befinden des Patienten.

Mittlerweile liegen Erkenntnisse vor, die ein sicheres Vorgehen ermöglichen. Die Universität von Florida ist heute weltweit bei der Erforschung des Rückenproblems führend. Dieser Vorsprung wurde möglich durch

eine Entwicklung des Gerätebauers Arthur Jones. Dieser stellte in den achtziger Jahren die erste »MedX-Lumbar Extension«-Maschine her. Mit diesem Gerät war es erstmals möglich, die Kräfte der Lumbal-Extensoren zu messen.

Die Messungen an Tausenden von Personen gaben ein überraschendes Bild. Tatsächlich verfügen die meisten Menschen – auch hochtrainierte Athleten – über zu schwache Lumbal Extensoren. Erstaunlich war jedoch das Ausmaß der Schwäche. Beim Training dieser Muskeln wurden Maximalkraftsteigerungen von über tausend Prozent erzielt!

Das Ausmaß des Trainingsgewinns ist ein unmißverständlicher Hinweis auf die vorangegangene Schwäche: Je untrainierter ein Muskel ist, desto trainierbarer ist er und desto größer ist sein möglicher Kraftzuwachs.

Anhand der umfangreichen Tests entwickelten die Wissenschaftler der Universität von Florida ein therapeutisches Konzept, das bei Patienten mit chronischen Rückenproblemen auf Anhieb spektakuläre Resultate zeitigte.

Die MedX-Rückentherapie dauert bei einmal 20 Minuten Training pro Woche etwa 12 Wochen, bis der Patient schmerzfrei ist. Zur Erhaltung

Krafttraining als Therapie

der Schmerzfreiheit genügt ein weit geringerer Aufwand: Es reicht, wenn alle vier Wochen einmal 5 Minuten trainiert wird.

Die Therapie hat seit vier Jahren unter dem Namen »Medizinische Kräftigungstherapie« auch in Europa Fuß gefaßt. Angesichts der Tatsache, daß jeder zweite im Alter zwischen Dreißig und Fünfzig an Rückenbeschwerden leidet, könnte man annehmen, daß sich diese Therapie schnell etabliert. Dem ist aber nicht so. Denn eine rasche Verbreitung wird durch zwei (wirtschaftliche) Faktoren etwas behindert.

Die Investitionen für eine solche Anlage überschreiten das für die Einrichtung der Praxen von Physiotherapeuten und Rehabilitations-Abteilungen »normale« Budget. Die vermeintlich aufwendige Technik stellt jedoch das absolut notwendige Minimum zur Lösung des Problems dar – eines Problems allerdings, das als solches den Fachleuten bislang noch gar nicht bewußt war. Er- und Aufklärungsbedarf besteht hier in erster Linie bei den Anwendern, nicht etwa beim Patienten. Denn wer seine Schmerzen loswird, braucht keine weiteren Erklärungen.

Diese Situation ruft Nachahmer auf den Plan. Mit Plagiaten, denen jedoch wesentliche Aggregate fehlen, bemühen sie sich, ihren »Preisvorteil« auszuspielen.

Die zweite »Schwäche« der Therapie ist groteskerweise ihre Wirksamkeit. Rückenpatienten sind normalerweise Dauerpatienten. Alle Jahre, meist im Herbst, suchen sie wieder ihren Arzt auf – eine wiederkehrende, budgetierbare und deshalb beliebte Einnahmequelle für den Mediziner. Spritzen, Fangopackungen, Bäder, Massagen und unzählige andere »passive« (= unwirksame) Maßnahmen spenden zwar vorübergehende Linderung. Auf lange Sicht aber verschlimmern sie meist sogar den Zustand.

Der mit MedX therapierte Patient hat diesen Teufelskreis verlassen. Er kommt nicht mehr und bringt folglich auch kein Geld mehr.

Trotzdem verbreitet sich die Medizinische Kräftigungs-Therapie unaufhaltsam weiter. Das sogenannte Rückenproblem ist nur eines von vielen, die damit gelöst werden können. Kräftigungstherapien für Nacken-, Knie- und Ellbogensyndrome sind ebenfalls schon eingeführt.

Die Wirkung des Krafttrainings beschränkt sich nicht nur auf die Muskulatur. Es baut die Knochen neu auf, und es ist – neben medikamentösen und diätetischen Maßnahmen

Nutzen und Anwendung

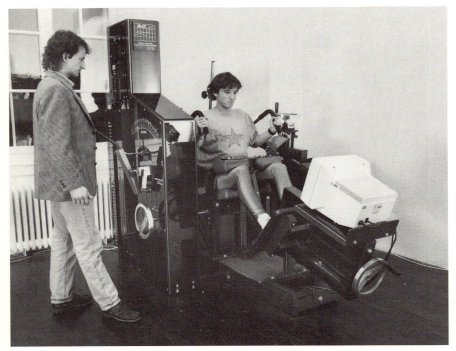

Mit dem »MedX-Lumbal Extensions«-Gerät werden die autochthonen Rückenmuskeln getestet und trainiert bis zur Schmerzfreiheit des Patienten

– das Gegenmittel zu einer Krankheit, unter der jede dritte Frau nach der Menopause leidet: der Osteoporose (Knochenschwund).

Mit fortschreitender Forschung weitet sich das Wirkungsspektrum des Krafttrainings. Dies ist nicht verwunderlich. Wir wachsen am Widerstand. Fehlt er, verkümmern wir, und Schmerzen stellen sich ein.

Fettabbau

Fett ist nicht immer überflüssig

Die Natur kennt keine Mode. Fettpolster haben unter bestimmten Lebensbedingungen durchaus ihren Sinn: dann nämlich, wenn der Nachschub an Nahrung nicht sichergestellt ist und unregelmäßig erfolgt. In

Fettabbau

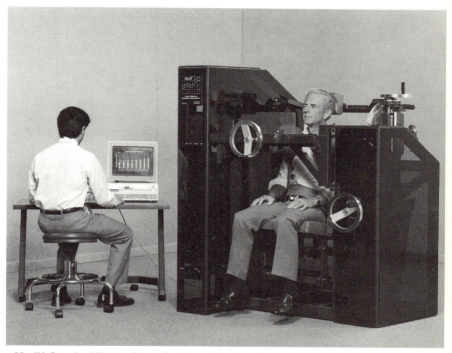

»MedX-Cervical Extensions-Gerät« – eine bewährte Einrichtung zur Therapie von Nackenbeschwerden

solchen Notzeiten ist es zweckmäßig, viel zu essen und alles, was nicht unmittelbar benötigt wird, als Energiereserve in Form von Fettpolstern anzulegen.

Des weiteren erfüllt das Fettgewebe eine Schutzfunktion gegen Temperaturunterschiede. So verdickt sich etwa bei Langstreckenschwimmern die Fettschicht unter der Haut. Der Körper bildet so einen wirksamen Schutz gegen Unterkühlung.

Die Topographie der Fettpolster ist genetisch festgelegt. Wenn Sie blonde Haare und blaue oder grüne Augen haben, werden Sie mit den Fettreserven zuerst »Nischen« ausfüllen (z.B. Kniekehlen, den Raum zwischen Trizeps und Ellbogen, das »Doppelkinn« usw.) und danach die

Nutzen und Anwendung

weiteren Reserven einigermaßen gleichmäßig auf der Körperoberfläche speichern. Ihre Körperform nähert sich so – aus geometrischer Sicht – der Kugel, dem Körper mit der kleinsten Oberfläche im Verhältnis zum Inhalt.
Damit wird die Wärmeabstrahlung Ihres Körpers reduziert. Dort wo Ihre Vorfahren herkommen – aus der Kälte des Nordens – war diese Disposition ein Überlebenskriterium.

Umgekehrt verfährt die Natur, wenn Sie schwarze Haare, braune Augen und stark pigmentierte Haut haben. Sie lagern das Fett konzentriert an einigen prominenten Stellen (Gesäßmuskel, Brust, Bauch) und erhöhen damit die Oberfläche im Verhältnis zum Inhalt. Auf diese Weise wird Wärme schneller abgestrahlt. Dies ist in warmen Zonen sinnvoll.

Derselbe Stoff, das Körperfett, kann somit je nach genetischer Vorgabe *entgegengesetzten* Zwecken dienen. Diese Tatsache erklärt u.a. auch, warum es unmöglich ist, die Fettabnahme zu steuern und »nur dort abzunehmen, wo man will«.

Hungerkuren sind gefährlich

Wenn wir mehr Kalorien aufnehmen, als wir ausgeben, nehmen wir zu. Wenn wir mehr ausgeben, als wir aufnehmen, nehmen wir ab. So einfach ist das. Die *Qualität* der Nahrung ist bei dieser Betrachtung von untergeordneter Bedeutung.

Einfach die Nahrungsaufnahme zu reduzieren ist unzweckmäßig. Der auf diese Weise erzielte Gewichtsverlust trifft zu siebzig Prozent die Muskeln, also die »tragende« Substanz. Die »zu tragende Substanz«, also das Fett, bleibt weitgehend erhalten – ein törichtes Vorgehen, vergleichbar dem Verfeuern der Dachbalken zum Heizen der Stube.

Der andere Weg, die Kalorienausgabe zu erhöhen – durch Sport und andere körperliche Aktivitäten – ist nicht viel klüger. Um einer Überschwemmung im Badezimmer Herr zu werden, reicht es nicht, das Wasser vom Boden aufzuschöpfen; man sollte auch den Wasserhahn zudrehen.

Abbauprioritäten verschieben

Zur Verhinderung des Kraft-/Muskelverlustes muß bei einer reduzierten Kalorienaufnahme ein Krafttraining betrieben werden. Wohlverstanden: nicht des Kalorienverbrauches wegen, denn dieser erhöht sich beim Training nur unbedeutend, sondern um den Körper zu zwingen, die Prioritäten für den Abbau in unserem Sinn zu verschieben: Fett statt Muskeln.

Fettabbau

Tausche Fett gegen Muskeln

Krafttraining übt einen starken Reiz auf den anabolen Stoffwechsel aus. Damit bezeichnet man jene Prozesse in unserem Körper, die dem Aufbau und Wiederaufbau von Gewebe dienen. Diese Prozesse werden hormonal gesteuert und bilden insbesondere bei reduzierter Kalorienzufuhr das neue Gewebe *auf Kosten der Fettdepots.*

Irrtümer

Fett kann man nicht wegschwitzen, wegrubbeln oder wegmassieren. Auch Bauchübungen haben keinerlei Einfluß auf das Fett am Bauch. *Wo sich das Fett anlagert, ist genetisch festgelegt und entzieht sich damit jeder Beeinflussung.*

Es gibt kein spezielles Trainingsprogramm zum Abnehmen. Auch die These, man könne mit höheren Wiederholungszahlen und leichteren Widerständen (beim Krafttraining) Fett abbauen, ist Unsinn. Es gibt auch kein »Idealgewicht«. Es gibt nur eine günstigere oder weniger günstige *Körperzusammensetzung.* Muskeln oder Fett, das ist hier die Frage.

Kontrolle

Eine einfache Kontrolle des Fettansatzes bietet das Messen einer Hautfalte in der Nabelgegend mit einer speziellen Klemme, wie man sie in medizinischen Fachgeschäften kaufen kann. Werte bis 12 mm können als normal (bei Frauen bis 15mm) betrachtet werden. Liegt der Wert wesentlich darüber, muß die Nahrungsaufnahme reduziert, das Training aber unbedingt beibehalten werden.

Nimmt Ihr Gewicht zu, *ohne* daß sich Ihre Hautfalte verdickt, handelt es sich um eine Zunahme von Muskelmasse, ist also sinnvoll. Hat aber Ihr Gewicht abgenommen, die Hautfalte jedoch ihre Dicke bewahrt, haben Sie Muskelmasse verloren. Das ist nicht wünschenswert.

Haben Ihr Gewicht und die Dicke der Hautfalte abgenommen, haben Sie sicher Fett verloren. Bei unveränderter Trainingsleistung haben sich Ihre Muskeln erhalten. Haben Sie Ihre Trainingsleistung (Kraft) gar steigern können, so haben Sie mehr Fett verloren, als die Waage anzeigt, weil Sie gleichzeitig an Muskeln zugenommen haben.

Kontrollieren Sie sich nicht zu oft. Biologische Prozesse verlaufen selten linear, sondern weisen eher gewisse kurzfristige Schwankungen auf. Es reicht vollkommen, wenn Sie einmal pro Monat Ihr Gewicht und die Dicke der Bauchfalte kontrollieren und notieren.

Nutzen und Anwendung

Relative und absolute Kraft

Ein Blauwal wiegt gegen 140 Tonnen und ist etwa 30 Meter lang. Er ist das größte und absolut stärkste Tier auf Erden – und gleichzeitig das relativ schwächste. Würde der Blauwal stranden, müßte er ersticken, weil seine Lungen von der eigenen Körpermasse erdrückt würden.

Insekten andererseits können ein Vielfaches ihres Körpergewichtes transportieren, über Hindernisse springen, die ihre Körpergröße weit übertreffen. Die absolute Kraft eines Insekts ist gering, die relative jedoch gewaltig.

Diese Gesetzmäßigkeit läßt sich mit einiger Differenzierung auch auf den Menschen übertragen. Dividiert man den Betrag einer maximalen Kraftleistung durch das Körpergewicht, erhält man einen Wert, den man als »relativen Kraftwert« bezeichnen könnte. Je höher dieser ist, um so besser.

Krafttraining für die Frau

Von der Sache her – dem Krafttraining – wären die folgenden Ausführungen eigentlich nicht notwendig. Was es zu diesem Thema zu sagen gibt, gilt gleichermaßen für Frauen und Männer.

Doch es gibt einen »Markt«, der bestrebt ist, »Zielgruppen« zu definieren und zu divergieren. So werden eben auch mal Unterschiede postuliert, wo gar keine vorhanden sind, und Bedürfnisse kreiiert, wo kein Bedarf ist.

Es gibt Schönheitsinstitute, die sinngemäß nach dem Slogan werben: »Nehmen Sie dort ab, wo Sie es wünschen«. Doch die Annahme, man könne das Fett »spezifisch« abbauen – sei es mit Übungen oder mit »Wärmepackungen«–, ist ein Irrtum.

Zellulitis

Unter der Bezeichnung *Zellulitis* wird eine spezifisch weibliche Form der Fettspeicherung pathologisiert. In den fünfziger Jahren und gar in den Zeiten Rubens' war das Weiblichkeitsideal anders als heute: Gefragt war die füllige, vollbusige Frau.

Diese Frauen hatten durchwegs »Zellulitis«, sowohl die Sexbomben der fünfziger Jahre als auch die Modelle der Maler zu Rubens' Zeiten. Diese Frauen waren im Durchschnitt wohl weder gesünder noch kränker als die heutigen; sie waren einfach fetter.

Krafttraining für die Frau

Daß Zellulitis mit Salben beizukommen ist, ist mehr als unwahrscheinlich, weil der Wirkstoff gar nicht durch die Haut dringt.

Mit Krafttraining oder anderen Trainingsformen mit kräftigenden Elementen wie Gymnastik dagegen anzugehen, kann hingegen indirekt Erfolge bringen: Das Muskelgewebe wird dicker, und darüber strafft sich die Haut.

Straff statt schlaff

In der Tat erzielen Frauen mit Krafttraining oft eine spektakuläre Verbesserung ihrer Figur. Der Grund liegt darin, daß untrainierte Muskeln immer irgendwie »fett« wirken, ohne es wirklich zu sein. Sie sind einfach schlaff, weil ihr »Tonus« d. h. die Ruhespannung zu niedrig ist.

Mit dem Training gegen Widerstand nimmt der Muskel an Volumen zu. Diese Zunahme geht mit einer Wasserzunahme einher. Damit erhöht sich der osmotische Druck in den Muskelzellen, und das Gewebe wird gefestigt.

Physikalisch gesehen ist es derselbe Prozeß, der eine trockene Pflanze sich aufrichten läßt, sobald sie Wasser bekommt. Dieser Effekt ist beim größten Muskel des Körpers, beim Gesäß, am deutlichsten.

Aber auch die weiblichen Brüste werden mit dem Training der Brustmuskulatur positiv beeinflußt. Obwohl die Brüste selbst keine Muskeln, sondern reichlich mit Fett umgebene Drüsen sind, werden sie mit der Entwicklung der darunterliegenden Muskeln angehoben.

Unsere äußere Erscheinung – ob Mann oder Frau – wird weitgehend durch den Zustand unserer Muskeln bestimmt.

»Zuviel« Muskeln

Die oben geschilderten Vorzüge des Krafttrainings für die Frau sind mittlerweile bekannt. Trotzdem hegen nicht wenige Frauen die Befürchtung, mit Krafttraining zu »vermännlichen«, das heißt Muskelmassen aufzubauen, die zumindest an einer Frau unattraktiv wirken.

In der Tat gibt es Frauen, die das genetische Potential haben, sehr starke Muskeln zu entwickeln, obwohl die Männer im Durchschnitt ein größeres Zuwachspotential aufweisen. Dabei ist anzunehmen, daß die wenigsten Frauen (und Männer) eine extreme Muskelentwicklung anstreben, selbst wenn sie über die nötige Veranlagung verfügten. Wie aber soll das Gewünschte erlangt und bewahrt, das Unerwünschte verhindert werden?

Nutzen und Anwendung

Sobald Sie, liebe Leserin, das nach Ihrem ästhetischen Empfinden optimale Aussehen erlangt haben, »frieren« Sie die Belastung einfach ein! Trainieren Sie regelmäßig weiter, aber steigern Sie nicht mehr: weder die Gewichte noch die Wiederholungszahl. Auf diese Weise halten Sie sich ein Leben lang im wahrsten Sinne des Wortes »in Form«.

Training im Alter

Die Tendenz in den Sportstudios ist nicht zu übersehen: Das Durchschnittsalter der Kunden steigt. Daß ältere Menschen regelmäßig zum Krafttraining gehen, war noch vor zwanzig Jahren zumindest außergewöhnlich; heute ist es normal.

Eine Gruppe 86- bis 96jähriger Altersheimbewohner in Boston wurden acht Wochen lang auf ein Krafttrainingsprogramm gesetzt. Trainiert wurde dabei ausschließlich die Oberschenkelmuskulatur (Quadrizeps). Der durchschnittliche Kraftgewinn betrug 174 Prozent, der computertomographisch gemessene Muskelmassegewinn 9 Prozent, die Zunahme der Gehgeschwindigkeit 48 Prozent.

Ein spektakuläres Ergebnis – und für die alten Leute ein erfreulicher Rückgewinn an Lebensqualität. Andererseits provoziert der Sachverhalt eine ketzerische Frage: Was hat man denn vorher gemacht mit den alten Menschen? Je trainierbarer, desto untrainierter. Wer lange bettlägerig war, ist danach enorm trainierbar, weil sich der Wiedergewinn der Kraft beschleunigt vollzieht.

Der ältere Mensch muß nicht »anders« trainieren als der junge. Beim Trainingsaufbau ist lediglich zu beachten, daß die Bewegungsreichweite in einigen Gelenken durch langen Nichtgebrauch reduzierter ist als bei jüngeren Menschen. Es sind deshalb Eingelenk-Übungen am Anfang den Mehrgelenk-Übungen vorzuziehen, da sie die natürliche Beweglichkeit effektiver und schonender wiederherstellen.

Mit der heute noch üblichen Art der Fürsorge schonen wir die Alten zu Tode. Sie müssen belastet werden, schonungs-los, im wahrsten Sinne des Wortes.

Training im Alter

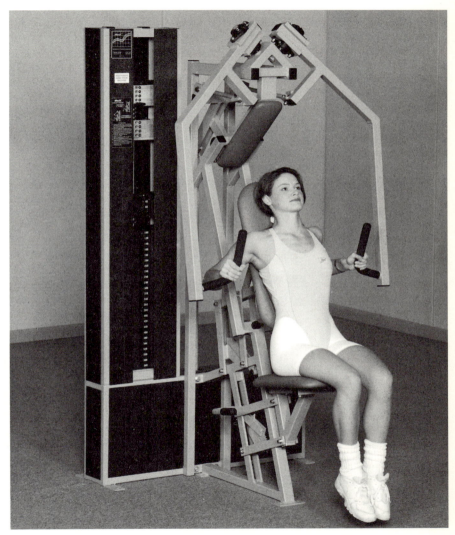

Unsere äußere Erscheinung wird weitgehend durch den Zustand der Muskulatur bestimmt. Brustmuskeltraining am »MedX-Chest Press«-Gerät

Nutzen und Anwendung

Welche Resultate bringt das Krafttraining?

Kraft	Beweglichkeit	Ausdauer
Primär betroffenes Organsystem: Muskeln	Primär betroffenes Organsystem: Sehnen und Bänder	Primär betroffenes Organsystem: Herz/Blutgefäße
Trainingsbedingungen: Hohe Spannung Übersäuerung	Trainingsbedingungen: Sauberer Übungsstil, volle Ausnutzung der Gelenkamplitude	Trainingsbedingungen: Gleichzeitiges und intensives Training großer Muskeln, hohe Wiederholungszahl, kurze Pausen

Wo und wozu wird Krafttraining eingesetzt?

Sportvorbereitung	Fitneßtraining	Bodybuilding	Therapie
Zur Verbesserung allgemeiner Kraftfähigkeiten, zum Erwerb spezieller Kraftfähigkeiten	zur Erhöhung des Wohlbefindens, zur günstigen Veränderung der äußeren Erscheinung (Figur, Haltung, Gang)	zur Erlangung eines athletischen Körperbaus	zur Beschleunigung von Heilungsvorgängen, zur Behandlung von Rücken- und Nackensyndromen sowie Osteoporose (Knochenschwund)

Geräte

Die Idee des progressiven Widerstandes

Die Beobachtung, daß der Mensch am Widerstand wächst, ist nicht neu. Schon der chinesische Philosoph Konfuzius (geb. 551 v. u Z.) soll nach dem Prinzip des progressiven Widerstandes trainiert haben. Im chinesischen Heer der Chou-Dynastie (1122–249 v. u. Z.) bestand der Aufnahmetest für die Rekruten im Heben schwerer Gewichte. Wandbilder aus dem alten Ägypten (um 3000 v.u. Z.) zeigen Frauen und Männer beim Krafttraining.

Das bekannteste Beispiel methodischen Krafttrainings im Altertum lieferte zweifellos der Grieche Milo von Crotona um 300 v.u. Z. Er hob täglich mehrere Male ein Stierkälbchen. Das Kalb wuchs, Milo wurde stärker; aus dem Kalb wurde ein Stier, aus Milo der stärkste Mann Griechenlands. Milo gewann sechsmal die Olympischen Spiele.

Im südasiatischen Raum wurde bereits im ersten Jahrhundert u. Z. mit kostbar gearbeiteten Steinhanteln trainiert. Offenbar waren diese Geräte über Generationen in Gebrauch; denn die Besitzer gravierten ihren Namen ein, bevor sie die Hantel weitergaben.

Die Römer schließlich institutionalisierten methodisches Körpertraining in ihren öffentlichen Thermen. Die prachtvollen Skulpturen in den italienischen Museen sprechen eine deutliche Sprache: Solche Körper werden durch Training geformt.

Mit dem Zerfall des römischen Reiches gewannen die christlichen Eiferer die Oberhand und suchten die heidnischen Kulturbestände vollständig auszumerzen. Gymnastik und Athletik wurden allmählich vergessen.

Die Ausrichtung auf jenseitige Werte und eine daraus resultierende Verachtung des Körpers kennzeichneten das europäische Mittelalter.

Viel später erst, 1816, veröffentlichte der Deutsche Ludwig Jahn eine erste methodische Zusammenfassung des vorhandenen Wissens zum The-

Geräte

ma Körpertraining. In seinem Werk »Die deutsche Turnkunst« beschreibt Jahn mit minutiöser Genauigkeit das damalige Übungsgut. Daß Jahn die Notwendigkeit der Isolation der zu trainierenden Muskeln bewußt war, zeigt folgender Textabschnitt. Unter dem Titel »Das Klimmen« heißt es:

»Da bei dieser Übung der Körper bloß durch Hilfe der Arme gehoben werden soll, so müssen auch die Beine und der ganze übrige Leib so ruhig als möglich gehalten werden.«

Mitte des neunzehnten bis zum Anfang des zwanzigsten Jahrhunderts folgte die Zeit der »Systeme«. Einzelne »Supermänner« erschienen in der Öffentlichkeit und machten mit Kraftakten und durch ihren athletischen Körperbau auf sich aufmerksam. In Brüssel gab es einen »Professor Attila« genannten Schausteller, der mit seinen Kraftakten Aufsehen erregte. Attila gilt als Vorläufer und Lehrer der meisten Kraftakteure, die ihm folgten. Er betrieb außerdem eine Schule für Körperkultur, eine Art Sportstudio. Zu seinen »Schülern« gehörte die Creme des europäischen Adels.

Durch Attila wurde ein ehrgeiziger junger Mann auf die Möglichkeiten einer »Kraft«-Karriere aufmerksam: Eugen Sandow. Mit Zwanzig wurde er Geschäftspartner von Attila. Gemeinsam zeigten sie in den renommiertesten Varietés Deutschlands ihre Nummern. Doch Sandow zog es erst nach England, dann nach Amerika.

Es fällt heute schwer, die Begeisterung nachzuvollziehen, die Sandow in der Neuen Welt auslöste. Selbst heute, über 130 Jahre nach seiner Geburt, wird sein Name von Firmen als Werbeträger eingesetzt: für Reformnahrung, Trainingsgeräte, Fahrräder, ja sogar für eine Sandow-Zigarre.

Georg Hackenschmidt, Lionel Strongfort, Louis Cyr und viele andere Kraftmänner waren Sandows Zeitgenossen. Einige von ihnen sollen bessere Leistungen erbracht haben, aber kaum einer hat für die Verbreitung des Körpertrainings so viel bewirkt wie er. Der Schöpfer der Romanfigur Sherlock Holmes, Sir Arthur Conan Doyle, sagte über Sandow: »Ich bin der festen Überzeugung, daß kaum jemand unserer Generation mehr für Englands Jugend geleistet hat als er.«

Mit dem 20. Jahrhundert begann der Aufstieg des organisierten Sportbetriebes, der eigentlichen Sportindustrie. Die starken Männer mit ihren schwellenden Muskeln gerieten darüber allmählich in Vergessenheit.

Ob sie wiederkommen? Es könnte sein. Der Massensport hat vermutlich in den siebziger und achtziger Jahren dieses Jahrhunderts seinen Zenit überschritten. Das Aufkommen des Bodybuilding und als Fortsetzung die Fitneßbewegung weisen auf einen anderen, individualistischeren, »narzißtischen« Geist; ungleich jenem, der die Mitglieder der Sportvereine beseelte und damit das Aufkommen des Massensports ermöglichte.

Vier Entwicklungsstufen

Eine Geschichte der Trainingsgeräte steht noch aus. Sie ließe sich in vier Stufen gliedern.

Freiübungen

Gemeint sind damit Übungen, die normalerweise keine Geräte erfordern und wenn, dann zu Darstellungszwecken. Diese Übungen sind vermutlich aus dem Tanz hervorgegangen, der ja nicht nur eine gesellschaftliche Funktion, sondern stets auch Beschwörungscharakter hat: Hochspringen aus der Hockstellung (zum Erschrecken von Feinden), Sprünge und Würfe, Unterwerfungs- und Demutsposen, Bewegungen zur Imitation von Kampf und Kopulation.

Dazu gehören auch so unterschiedliche Dinge wie das Ballett und Truppenparaden.

Der eigentliche Effekt dieser Übungen ist der Eindruck, den sie beim Betrachter hinterlassen. Sie sind nach außen gerichtet. Damit verbunden, jedoch eher als Nebeneffekt, ist eine körperliche Leistungssteigerung des Individuums.

Widerstandsübungen

Der mit den Freiübungen erzielte Trainingseffekt ergab sich aus der – unbewußten – Überwindung des eigenen Körpergewichtes. Der bewußte Einsatz äußerer Widerstände, etwa von Steinen, Baumstämmen oder lebenden Körpern, deutet auf das Vorhandensein der Erkenntnis, daß der Mensch am Widerstand wächst.

Übungen mit progressivem Widerstand

Der nächste Schritt besteht in der kontinuierlichen Erhöhung der Belastung; also die Auswahl oder Herstellung von eigentlichen Trainingsgeräten mit unterschiedlichem Gewicht bzw. Schwierigkeitsgrad. Die weitreichendste Erfindung in dieser Periode ist wohl die Scheibenhantel. Die ersten Hanteln der Neuzeit bestanden aus je zwei Kanonenkugeln,

Geräte

die mit einer Eisenstange verbunden waren. Kanonenkugeln gab es in unterschiedlichen Größen, so daß Hanteln unterschiedlichen Gewichts gefertigt werden konnten. Doch mußten bei dieser Methode für ein Training viele Hanteln unterschiedlichen Gewichts vorhanden sein. Die Scheibenhantel hingegen erlaubt eine rasche Veränderung der Belastung, indem an dieselbe Hantel Eisenscheiben hinzugefügt oder abgenommen werden.

Übungen mit sich veränderndem Widerstand

Der Wiener Arzt Max Herz ließ um die Jahrhundertwende bei der Firma Rossel & Co. in Wiesbaden Geräte für die Krankengymnastik anfertigen, die einen Widerstand aufwiesen, der sich während der Bewegung des Trainierenden änderte, und zwar in einer Weise, die dessen Kraftentwicklung während der Bewegung entsprach.

Offenbar war Dr. Herz bewußt, daß die Kraft nur in jenem Gelenkwinkel zunimmt, der überschwellig belastet wird. Im Sinne der Gelenkfunktionen ist es aber erforderlich, die Kraft über den ganzen Bewegungsausschlag (oder die Bewegungsamplitude) zu entwickeln. Technisch gelöst hatte Herz das Problem mit einem exzentrischen Rad (Nocken), das das Drehmoment der zu bewegenden Kurbel in den unterschiedlichen Gelenkwinkeln vorgab.

Herz' Idee ging verloren – nicht etwa weil sie unrichtig gewesen wäre, sondern weil der Erste und dann der Zweite Weltkrieg mit den damit zusammenhängenden materiellen Nöten andere Prioritäten setzte.

1972 entwickelte Arthur Jones ein Trainingsgerät, das gleich mehrere Mängel der konventionellen Geräte überwand und dazu die Idee von Herz wieder aufgriff – freilich ohne daß Jones je von Herz gehört hatte. Jones erfand die »Pullover«-Maschine, ein Gerät zum isolierten Training des Großen Rückenmuskels.

Im Gegensatz zu den bisher für diesen Muskel verwendeten Übungen (Klimmzüge, Zugapparate, Ruderübungen) setzte die »Pullover-Maschine« den Widerstand direkt am Oberarmknochen an, der vom Großen Rückenmuskel bewegt wird. Damit wurde zum ersten Mal in der Geschichte der Körperkultur ein direktes, nicht durch vorgelagerte schwächere Muskeln (z.B. Bizeps) beeinträchtigtes Training dieses wichtigen Muskels ermöglicht.

Unter dem Markennamen »Nautilus« entwickelte Jones etwa vierzig weitere Geräte nach demselben Prinzip für nahezu alle Bewegungsfunktionen des menschlichen Körpers. »Nautilus« wurde damit in wenigen Jahren zum Marktführer auf dem Trainingsgerätemarkt.

Die Konkurrenz war vollauf damit beschäftigt, die »Nautilus«-Geräte nachzubauen. Dies führte zu grotesken Situationen. So erschienen z. B. als »neuste Errungenschaft« Nachbildungen von »Nautilus«-Prototypen, die Jones selbst als ungenügend verworfen hatte.

Es ist unbestreitbar das Verdienst Arthur Jones', daß sich die Idee des sich verändernden Widerstandes durchgesetzt hat, was allerdings nicht bedeutet, daß das Prinzip auch überall *verstanden* wurde.

1986 verkaufte Jones die Firma Nautilus und gründete »MedX«, eine Firma, die zuerst ausschließlich Trainingsgeräte zur Rückentherapie herstellte, seit 1990 aber auch eine »Exercise«-Linie herstellt und vertreibt. »MedX-Exercise«-Geräte sind technisch eine Weiterentwicklung der früheren »Nautilus«-Geräte anhand der medizinischen Erfahrungen, die Jones mit der Anwendung seiner Therapie-Geräte gemacht hatte.

Fortschritte – Rückschritte

Der Gerätemarkt ist nahezu unüberschaubar geworden. Um in irgendeiner Weise herauszuragen, werden Änderungen und Verbesserungen von den Geräteherstellern gerne als epochale Erfindungen hochstilisiert. Dabei handelt es sich in einigen Fällen durchaus um praktische technische Verbesserungen, meistens jedoch nur um gleichwertige Alternativen. Manchmal entpuppen sich vermeintliche »Fortschritte« gar als Rückschritte.

So ist der Einsatz von Zahnriemen anstelle von Ketten zur Übertragung der Kräfte sicher eine nützliche Verbesserung: pflegeleichter, geringer im Gewicht, billiger in der Herstellung.

Seit etwa 1986 sind Geräte auf dem Markt, die anstelle von Gewichtsplatten Preßluft als Widerstand verwenden. Die Hersteller deklarieren diese Veränderung als »Fortschritt«. Darüber kann man allerdings geteilter Meinung sein. Für den Muskel spielt die Art des Widerstandes keine Rolle. Für ihn zählen lediglich Anspannungshöhe und -dauer. Ein Vorteil könnte sich ausschließlich im ökonomischen Bereich ergeben – wenn die »Luft«-Geräte billiger in der

Geräte

Herstellung wären als die Geräte mit Stahlgewichten (was aber nicht der Fall ist) oder leichter zu transportieren wären (was auch nicht zutrifft).

Einen Rückschritt stellen sogenannte »isokinetische« Geräte mit Brems- oder Reibungswiderstand dar. Diese Geräte bieten Widerstand ausschließlich in der Kontraktionsphase als Funktion der Geschwindigkeit der Bewegung. Wird die Bewegung unterbrochen, ist kein Widerstand mehr da. Eine Belastung in der Dehnungsphase (das heißt Verrichtung negativer Arbeit) ist ebenfalls nicht vorhanden, wodurch der Kraftzuwachs auf den Mittelbereich beschränkt und dementsprechend die Beweglichkeit allmählich reduziert wird.

Stromabhängige Trainingsgeräte provozieren die Frage: Wieso müssen wir, um unsere Energie im Training zu verbrauchen, dazu noch zusätzliche Energie verbrauchen? Das umgekehrte Vorgehen wäre logisch: Geräte bauen, die die vom Benutzer verbrauchte Energie nutzen.

Fortschritte – Rückschritte

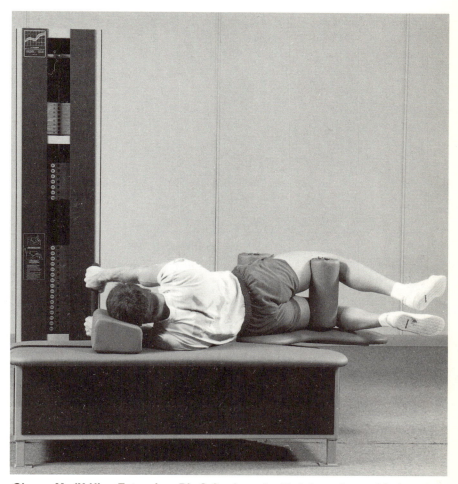

Oben: »MedX-Hip«-Extension: Die Seitenlage des Trainierenden verhindert, daß das Eigengewicht der Beine den Belastungsverlauf während der Bewegung beeinflußt

Links: Trainingsgeräte sollen nicht nur funktional, sondern auch leicht zu bedienen sein. Feineinstellung des Widerstandes an einem »MedX-Exercise«-Gerät

Geräte

Perspektiven

Wohin geht die Entwicklung? Der nächste Schritt wäre logischerweise die Entwicklung von Trainingsgeräten, die das *gleichzeitige Training mehrerer Muskeln* – also Muskelschlingen – ermöglicht; und dies unter Beibehaltung aller bisherigen Errungenschaften auf dem Gebiet, als da sind:

- progressiver Widerstand
- während der Bewegung sich adäquat verändernder Widerstand
- direkter (nicht durch schwächere Muskeln »gefilterter«) Widerstand

Damit wäre eine weitere signifikante Reduktion der Trainingszeit möglich. Die gleichzeitige Belastung mehrerer Muskelgruppen würde den Herz-Kreislauf-Trainingseffekt automatisch beinhalten.

Wenn eines Tages das Krafttraining Bestandteil der Hygiene sein wird, was zu hoffen ist, werden damit auch Probleme gelöst werden, deren Verbindung zum Kraftproblem wir noch gar nicht erkennen. Es ist aber auch vorstellbar, daß – wie das Beispiel des Dr. Max Herz zeigt – alles verlorengeht, weil dringlichere Probleme anstehen – Probleme, bei denen es nicht um die Verbesserung der Lebensbedingungen geht, sondern ums Überleben schlechthin.

Technische Anforderungen für maximale Trainingseffizienz	Mehrstationengerät (Universal, Nyssen)	Bremswiderstandsgerät (Cybex)	Hantel	MEDX
1 Drehbewegung	–	–	–	+
2 Direkter Widerstand	–	–	–	+
3 Automatisch angepaßter Widerstand	–	–	–	+
4 Austarierte Eigenmasse der Drehmechanik	–	–	–	+
5 Konzentrische (positive) Arbeit	+	+	+	+
6 Exzentrische (negative) Arbeit	+	–	+	+
7 Dehnung	+/–	–	+/–	+
8 Vor-Dehnung	+	–	+	+
9 Widerstand in der vollen Kontraktion	+/–	–	+/–	+
10 Unbehindertes Bewegungstempo	+	–	+	+
Auswertung	50%	10 %	50%	100%

Körper und Muskeln

Das Gewebe unseres Körpers

Irgendwann einmal begann das, was wir Leben nennen. In der »Ursuppe« entstand die erste Zelle; ein Gebilde, das sich mit einer Membran gegen außen abschottete, jedoch mit dem »Draußen« einen selektiven Kontakt pflegte. Vergleichbar einer chemischen Fabrik tauscht sie Wärme, Nahrung, Sauerstoff, Abfallprodukte und Information mit der Umwelt aus.

Im Urmeer war die Flüssigkeit um die Zelle herum – die extrazelluläre Flüssigkeit – wahrhaft unbegrenzt. Auch die Zellen unseres heutigen Körpers leben in einer flüssigen Umgebung. Deren Volumen ist jedoch geringer als das Volumen der Zelle selbst. Daß sich die »Umwelt« der Zelle nicht innert kürzester Zeit in eine Giftbrühe verwandelt, die jedes Leben erstickt, verdanken wir den Regulationsmechanismen der Blutversorgung. Wasser und Nahrung werden durch den Kreislauf ununterbrochen zugeführt, Stoffwechselendprodukte über Stuhl und Urin ausgeschieden.

Ein solche »Instandhaltungs«-Organisation bedarf hochkomplexer Organe, gebildet aus spezialisierten Zellen. Im Gegensatz zu unserem Vorfahren, dem Einzeller, bestehen wir aus spezialisierten Zellen. Gleichartige Zellen in großer Zahl bilden Gewebe.

Als Gewebe bezeichnet man Zellmassen, die Organe oder Körperteile formen. Es gibt verschiedene Gewebearten, die jedoch alle voneinander abhängig sind und erst in ihrem Zusammenwirken Leben ermöglichen.

Sieben Gewebearten sind für das Krafttraining von unmittelbarer Bedeutung: Epithel-, Binde- und Stützgewebe, Muskel-, Knochen-, Nerven- und Blutgewebe.

Epithelgewebe

Dieses Gewebe begrenzt in mehrschichtigen Zellagen Körperoberflächen oder Innenflächen von Hohlräumen. Seine Funktion besteht im Schutz des darunterliegenden Gewebes, der Absorption von Druck und der Sekretion (z.B. die Haut).

Körper und Muskeln

Bindegewebe

Als schützendes und stützendes Gewebe umfaßt und durchdringt es den Körper. Den Hauptanteil des Bindegewebes bilden die unelastischen Kollagenfasern. Jedoch sind auch elastische Anteile vorhanden, insbesondere dort, wo das Gewebe stärkerer Verformung ausgesetzt ist. Bei Verletzungen tritt Bindegewebe als Reparaturstoff auf. Die Natur tut hier oftmals des Guten zuviel, indem unnötige Mengen von Bindegewebe produziert werden, z.B. bei Narbenbildung. Starke Bindegewebsbildung nach Verletzungen, insbesondere der Hand, kann zu Bewegungseinschränkungen führen.

Sehnen verbinden Knochen und Muskeln. Sie bestehen hauptsächlich aus unelastischem Bindegewebe. Ihr Querschnitt ist meist rund, die Sehnen der Bauchmuskeln zeigen jedoch eine flache, breite Form. Bänder verbinden Knochen miteinander. Sie sind ähnlich aufgebaut wie die Sehnen, haben jedoch einen höheren Anteil an elastischen Fasern, insbesondere jene, die an der Rückseite der Wirbelsäule befestigt sind.

Knorpel

Knorpel sind Stützgewebe und dienen dem Auffangen von Druck oder Schlägen. Knorpel findet sich aufgrund seiner Elastizität überall dort, wo Verformbarkeit gewährleistet sein muß. Knochenenden gehen in Knorpel über, die Bandscheiben bestehen aus Knorpel, das Nasenbein endet in einer Knorpelspitze.

Knochen

Das härteste Stützgewebe. Die Knochen verdanken ihre Stabilität einem bestimmten Anteil an Salzen. Ein salzfreier, »entkalkter« Knochen wird biegsam. Unterernährung, Vitaminmangel oder hormonelle Störungen können Knochenerweichung verursachen, wie dies beispielsweise bei der Rachitis zu sehen ist.

Knochen leben. Mit Krafttraining werden sie stärker, Mangel an Widerstand schwächt sie.

Muskeln

Die Muskeln des menschlichen Körpers werden in drei Gruppen unterteilt:

- glatte, unwillkürliche Muskelfasern, z.B. für die Verdauung
- quergestreifte, willkürliche Muskelfasern für die Bewegungen des Skeletts
- die Herzmuskelfasern, die zwar auch quergestreift, dem Willen aber nicht unterworfen sind.

Das Gewebe

Insgesamt besteht die Muskulatur hauptsächlich aus willkürlichen Muskelfasern. Als Organ betrachtet, enthält sie jedoch einen beträchtlichen Anteil an Bindegewebe, Blutgefäße und Nerven.

Was macht ein Muskel? Er bewegt im wesentlichen Knochen um andere Knochen herum, indem er sich zusammenzieht. Der Muskel kann nur im Zusammenziehen Arbeit leisten, er kann nicht »stoßen«. Soll der Knochen in die Gegenrichtung bewegt werden, tritt der »Antagonist« in Aktion, ein »Gegen«-Muskel, der auf die andere Seite zieht.

»Ursprung« nennt man die Stelle, an der der Muskel an dem normalerweise weniger beweglichen Knochen befestigt ist. Der »Ansatz« entspricht der Befestigungsstelle am beweglicheren Skelett-Teil. Die zwar dünneren, aber stärkeren Sehnen eines Muskels befinden sich meistens an dessen Ansatz, um bei geringem Platzbedarf großen Zug auszuhalten.

Willkürliche Muskelfasern können sich fast bis zur Hälfte verkürzen (ca. 43 Prozent). Je näher die Sehne beim Gelenk ansetzt, desto größer ist die Bewegungsamplitude, desto geringer aber auch die Kraftentfaltung. Ein mehr vom Gelenk entfernter (distal) gelegener Sehnenansatz entspricht einem günstigeren Hebelarm, erlaubt damit eine höhere Kraftentfaltung, reduziert aber die Bewegungsamplitude.

Von Einfluß auf die mögliche Kraftentfaltung eines Muskels ist auch sein Faserverlauf. Wenn die Fasern parallel zur Sehne verlaufen, entspricht die Kraft des Muskels ziemlich genau seinem Durchmesser. Anders, wenn die Fasern federartig, also schräg zur Mittelachse verlaufen und über eine größere Strecke verteilt an der Sehne befestigt sind. In diesem Fall können größere Kräfte wirksam werden, weil eben mehr Fasern an der Sehne ziehen. Bei den doppeltgefiederten Muskeln sind die Kräfte noch größer. Die höchsten Kräfte entwickelt die Faser, wenn sie in der Zugrichtung der Sehnen liegt.

Man unterscheidet weiterhin nach ein-, zwei- oder mehrgelenkigen Muskeln. Damit wird ausgedrückt, wieviele Gelenke der Muskel überzieht und damit bewegt.

Mehrere Muskeln, die bei einer bestimmten Bewegung zusammenwirken, werden *Synergisten* genannt, im Gegensatz zu den *Antagonisten*, die gegeneinander wirken. In einem bestimmten Bewegungsverlauf können sich jedoch die Rollen umkehren. So wirkt der Vastus medialis beispielsweise als Antagonist der Streckung im Kniegelenk entgegen. Ab etwa 30

Grad vor der vollständigen Streckung wird er zum Synergisten, das heißt er unterstützt jetzt die Streckung und wirkt der Beugung entgegen. Dies kommt daher, daß sein Zug bis zu 30 Grad unterhalb des Kniegelenk-Drehpunktes, danach jedoch darüber verläuft.

Muskeln reagieren auf Reize. Sie reagieren auf bestimmte Impulse, die vom Hirn ausgehen. Muskelgewebe ist aber auch von sich aus reizfähig, unabhängig vom Gehirn. Darum können gelähmte Muskeln mit elektrischen Impulsen von außen aktiviert werden.

Die Versorgung des Muskels mit Impulsen durch die Nerven geht vom Gehirn aus über das Rückgrat bis zur sog. motorischen Endplatte. Dieser Impuls kann willkürlich erfolgen, aber auch unwillkürlich, z. B. beim Dehnungsreflex.

Woher bezieht der Muskel seine Energie, wenn er sich zusammenzieht? *Adenosintriphosphat*, kurz *ATP*, heißt die betreffende Substanz, von der die Muskelzelle jedoch nur über einen geringen Vorrat verfügt. ATP besteht aus drei Phosphatgruppen. Während der Muskelarbeit spaltet sich eine der drei Gruppen ab, und es entsteht *Adenosindiphosphat*, ADP. Eine weitere, energiereiche Verbindung im Muskel, das *Kreatinphosphat*, zerfällt während der Muskelarbeit, das heißt es wird eine Phosphatgruppe frei. Diese verbindet sich mit dem ADP, und daraus entsteht wiederum ATP – die Muskelarbeit kann fortgesetzt werden. Nach etwa zwanzig Sekunden Muskelarbeit wird eine neue, weitaus größere Energiequelle herangezogen: das Glykogen. Sein Abbau setzt Energie frei. Diese wird wiederum zur Rückbildung von ATP und Kreatinphosphat genutzt.

Aber auch *Sauerstoff* wird zur Muskelarbeit benötigt, und zwar je mehr, je länger die Arbeit fortdauert. Geliefert wird der Sauerstoff von den *Kapillaren* des Muskels. Wird eine Muskelarbeit vorwiegend ohne Sauerstoff bewältigt, spricht man von *anaerober* Arbeit. Erfolgt sie hingegen unter starkem Sauerstoffverbrauch, ist sie *aerob*.

Die physiologischen Vorgänge in der Muskelfaser während der Kontraktion sind bis heute noch nicht vollständig erforscht.

Die Muskelfasern

Der Einsatz der Muskelfasern

Muskeln sind elastische Körper, die aus Tausenden von winzigen Fasern

Muskelfasern

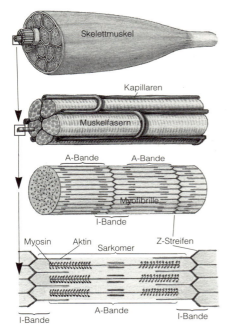

Der Aufbau eines Muskels: Myofibrillen, die eigentlichen kontraktilen (zusammenziehbaren) Elemente des Muskels. In den Sarkomeren gleiten Aktin und Myosin ineinander.

Muskelfasern arbeiten nach dem Prinzip »Alles-oder-nichts«: Eine Faser zieht sich entweder mit voller Kraft zusammen oder gar nicht. Von allen Muskelfasern werden nur immer so viele eingesetzt, wie zur Lösung der anstehenden Bewegungsaufgabe notwendig sind. Die anderen »untätigen« Fasern werden »mitgeschleppt«, ohne das geringste zur Arbeit beizutragen. Dauert die Arbeit jedoch an, ermüden die belasteten Fasern, fallen aus und werden durch bisher untätige in ihrer Arbeit abgelöst. Schließlich ermüden auch diese und werden ebenfalls ersetzt. Dieser »Einschaltkreis« dreht sich weiter, bis wieder die ersten Fasern, nunmehr erholt, an der Reihe sind. Ist der zu überwindende Widerstand gering, kann die Arbeit theoretisch unbeschränkt weitergeführt werden, weil sich die Fasern zwischen den Einsätzen laufend erholen.

Ab einer bestimmten Spannungshöhe jedoch kommen zu viele Fasern gleichzeitig zum Einsatz, so daß ein Ungleichgewicht zwischen Ausfall und Nachschub entsteht. Der Einsatz wird von Mal zu Mal kürzer, die Fasern kommen immer unvollständiger erholt zum Einsatz. In der Folge »dreht« sich der Einschaltkreis schneller und schneller bis zum momentanen Versagen des ganzen Muskels. In diesem Stadium ist keine Bewegung mehr möglich.

bestehen. Ihre Fähigkeit, sich zusammenzuziehen, macht jede Form der Bewegung überhaupt erst möglich. Jeder Bewegung gehen elektrochemische Reize voraus, die von den Ganglienzellen des Gehirns ausgehen und über die motorischen Nervenbahnen dem Muskel zugeführt werden.

Körper und Muskeln

Erst in diesen letzten Sekunden, kurz vor dem Versagen, greift der Muskel auf die Reservefasern zurück und löst damit den Mechanismus der Superkompensation aus.

Die »Reserve«-Fasern, um deren Entwicklung es beim Krafttraining ausschließlich geht, führen gewissermaßen ein »geschütztes« Dasein. Ihr Einsatz ist jenen Notsituationen vorbehalten, in denen emotionale Antriebe die eingebauten Sicherungen wie Ermüdung und Schmerz, buchstäblich »vom Tisch wischen«. Unter Hypnose, im Wahn oder in Todesangst können Menschen ungeheure Kräfte mobilisieren. Dies kommt daher, daß in solchen Zuständen eben jene Reserven »freigegeben« werden, die der Organismus sonst sorgsam hütet. Derart intensive Anstrengungen dürfen und können nicht lange durchgehalten werden, sonst führen sie zu totaler Erschöpfung und schließlich zum Tod. Es besteht für den Organismus also hinreichend Ursache, diese Reserve zu schützen. Beim Krafttraining wird nun versucht, diese Reserven »anzukratzen« – denn von deren Ausschöpfung kann dabei nicht die Rede sein. Ein kurzer Übergriff aber genügt, und das System reagiert prompt: Die Reserven werden erhöht. Aus diesem Sachverhalt ergeben sich einige praktische Einsichten:

- Die Höhe des Widerstands ist ausschlaggebend dafür, ob ein Trainingseffekt erzielt wird. Dabei kann die Reizschwelle innerhalb einer gewissen Bandbreite überschritten werden. Ist der Widerstand zu gering, kann die Arbeit von den vorhandenen aktiven Fasern bewältigt werden; eine Rekrutierung von Reservefasern findet nicht statt und damit auch kein Trainingseffekt. Ist der Widerstand zu hoch, kommt der Erschöpfungszyklus nicht in Gang, der die Voraussetzung schafft für den Zugriff auf die Reservefasern.

- Die ersten paar Wiederholungen einer Übung stellen keinen Trainingsreiz dar; sie schaffen für diesen lediglich eine günstige Situation, indem die vorhandenen aktiven Muskelfasern ausgeschaltet werden. Erst die letzte Wiederholung zwingt den Muskel, auf seine Reservefasern zurückzugreifen.

- Die Trainingsmenge hat nichts zu tun mit dem Trainingseffekt – höchstens im negativen Sinne: Je umfangreicher das Training, desto wahrscheinlicher wird es überhaupt keinen Effekt erzielen. Jede Trainingsmethode oder Trainingstechnik, die dem Zweck dient, mehr Training zu ermögli-

Muskelfasern

chen, ist ebenso absurd wie der Versuch, den Nutzen einer Trainingsperiode anhand der umgesetzten Tonnen aufzurechnen.

»Langsame« und »schnelle« Muskelfasern

Muskelfaser ist nicht gleich Muskelfaser. Man unterscheidet zwischen den – offensichtlich durch Erbanlagen vorgegebenen – dünnen, dunkelfarbigen, »roten und den dicken, blaßgefärbten »weißen« Fasern. Der auffällige Farbunterschied kommt durch den unterschiedlichen Gehalt an dem Muskelfarbstoff Myoglobin zustande.

Die weißen Muskelfasern kontrahieren und dekontrahieren schneller als die roten. Man bezeichnet sie auch als schnell zuckende, FT (= fast twitch)-Fasern und im Gegensatz dazu die weißen als langsam zuckende, ST (= slow twitch)-Fasern.

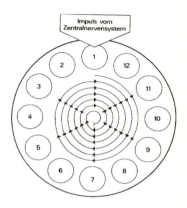

Schematische Darstellung des Einschaltkreises der Muskelfasern. Die numerierten Kreise stellen Muskelfasern in der Reihenfolge ihres Einsatzes dar

Eigenschaften:	Slow Twitch:	Fast Twitch:
Fasergröße	kurz	lang
Kontraktionskraft	gering	hoch
Max. Kontraktionsgeschw.	80 msek.	30 msek.
Fasern pro motor. Einheit	540	750
aerobische Kapazität	hoch	gering
anaerobische Kapazität	gering	hoch
Kapillarisierung	4 pro Faser	3 pro Faser
Glykogengehalt	gering	hoch
Mitochondriengehalt	hoch	gering
Ermüdbarkeit	gering	hoch
Sportart	Marathon	Sprint

Körper und Muskeln

Für optimalen Kraftgewinn muß die Faserzusammensetzung des zu trainierenden Muskels beachtet werden. Für das Training heißt das:

Bei einer ausgewogenen Zusammensetzung von Fast- und Slow-Twitch-Fasern:
6–8 Wiederholungen bzw. 60–80 Sekunden Belastungsdauer.
Etwa 60 Prozent der Menschen gehören in diese »normale« Kategorie.

Bei einer Dominanz von Fast-Twitch-Fasern:
4–6 Wiederholungen bzw. 40–60 Sekunden Belastungsdauer.
Etwa 30 Prozent der Menschen sind FT-dominant.

Bei einer Dominanz von Slow-Twitch-Fasern:
8–12 Wiederholungen bzw. 80–120 Sekunden Belastungsdauer.
Etwa 10 Prozent der Menschen sind ST-dominant.

Fasertest

Es bestehen große Unterschiede bezüglich der Faserverteilung, und zwar nicht nur von Individuum zu Individuum, sondern auch unter den Muskeln ein und desselben Individuums.

Umfangreiche Tests haben aufgezeigt: der eine schafft knapp vier Wiederholungen mit 80 Prozent, der andere 23! Bei der Oberkörper-Muskulatur derselben Menschen kann es sich jedoch genau umgekehrt verhalten.

Wenn Sie mit der normalen Dosierung keine Fortschritte erzielen, sollten Sie den Fasertest von Dr. Ellington Darden (Autor von »The Nautilus-Book«) durchführen!

Finden Sie bei zwei Übungen das Maximalgewicht für eine Wiederholung heraus. Am besten eignen sich hierzu isoliert wirkende Eingelenk-Übungen, z. B. *Pullover*, bzw. *Überzüge* für den Oberkörper, *Leg extension* bzw. *Beinstrecken* für die Beine.

Errechnen Sie 80 Prozent des gefundenen Maximalgewichts und stellen Sie das Gerät entsprechend ein.

Führen Sie so viele »saubere« Wiederholungen wie möglich aus.

Multiplizieren Sie die erreichte Wiederholungzahl mit dem Faktor 0,15. Runden Sie auf eine ganze Zahl auf, und addieren Sie die Zahl zu der von Ihnen erreichten Anzahl Wiederholungen. Damit erhalten Sie Ihre obere Wiederholungszahl, nach deren Erreichung Sie das Gewicht steigern sollen. Wenn Sie die aufgerundete Zahl von der erreichten Wiederholungszahl abziehen, erhalten

Muskelfasern

Sie die untere Begrenzung, also das Wiederholungsminimum.

Damit erhalten Sie für den jeweiligen Muskel die optimale Wiederholungszahl. Nehmen Sie für die Programmgestaltung dasselbe Wiederholungsoptimum für die übrigen Übungen des Ober- bzw. Unterkörpers an.

Zusammenarbeit der Muskeln: »Muskelschlingen«

Wenn ein Muskel sich zusammenzieht, bewirkt er Drehbewegungen um eine oder mehrere Gelenkachsen. Bewegungen, die in einer geraden Zielrichtung verlaufen, kommen durch gegenläufige Drehung in mindestens zwei Gelenken zustande: Wenn wir eine Hantel von der Brust nach oben stoßen, bewegt sich der Oberarm im Schultergelenk zur Längsachse der Körpermitte hin, der Unterarm gleichzeitig im Ellbogengelenk von der Körpermitte weg nach außen.

Die beteiligten Muskeln, der Schultermuskel (Delta), der Unterarmstrecker (Trizeps) und noch einige andere mehr, bilden in diesem Fall eine Muskelschlinge. Es gibt im menschlichen Körper kein Organ, das nicht vom Ganzen her seinen Sinn erhielte. So wirken auch die Muskeln nicht allein auf das von ihren Sehnen unmittelbar überzogene Gelenk, sondern nehmen darüber hinaus Einfluß auf relativ weit entfernte Bereiche. Der Große Gesäßmuskel (Glutaeus maximus) beispielsweise, dessen primäre Funktion die Streckung des Beines im Hüftgelenk ist, »strahlt« mit seinen Fasern in den Großen Rückenmuskel hinein, findet in diesem sozusagen seine Fortsetzung und gewinnt damit Einfluß auf das Ellenbogengelenk. Bei dem ganzen Bewegungsapparat handelt es sich somit um ein geschlossenes System von Abhängigkeiten.

Dies hat praktische Bedeutung für den sinnvollen Aufbau des Krafttrainings. Eine extreme Kräftigung der Beine und des Schultergürtels unter Vernachlässigung der Bauch- bzw. Rückenstrecker teilt den Körper in zwar kraftvolle Hälften, die jedoch bei Ganzkörpereinsätzen nicht ausgenutzt werden können, da ihre Verbindung zu schwach ist. Die Situation entspricht einer schweren Tür an einer massiven Mauer, verbunden durch ein schwaches Scharnier.

Die Kraftkurve

Während der Verkürzung verändert der Muskel seine Kraft. So nimmt die Kraft des Bizeps während seiner Kontraktion laufend zu, überschreitet das Maximum in der Stellung, in der Unter- und Oberarm einen leicht spitzen Winkel bilden und fällt danach bis zum Ende der Verkürzung steil

45

Körper und Muskeln

ab. Die Beuger des Unterschenkels hingegen zeigen nahezu gleichgroße Kräfte in allen Winkelpositionen des Kniegelenks. So hat jede Gelenkfunktion die ihr eigene, im Vergleich mit den anderen Gelenken unterschiedliche Kraftkurve. Diese Unterschiede haben mechanische Gründe: Die Zugrichtung der Sehnen während einer Bewegung verändert sich laufend zu Gunsten oder Ungunsten des Drehmoments, weil der Muskel Hindernisse umgehen muß, z.B. Knochenfortsätze, oder weil von einem bestimmten Gelenkwinkel an weitere Muskeln mitarbeiten bzw. nicht mehr mitarbeiten.

Die physiologischen Eigenschaften des Muskels überlagern seine mechanischen in einer Weise, daß seine wirkliche Kraftkurve nicht mathematisch ermittelt werden kann.

Die Forscher sind bisher so vorgegangen, daß sie die Maximalkräfte in verschiedenen Winkelstellungen gemessen, die erhaltenen Werte aufgezeichnet und interpoliert haben.

Aber auch ein solches empirisches Vorgehen zeigt lediglich, wie eine bestimmte Kraftkurve bei einem bestimmten Individuum zum Zeitpunkt der Messung aussieht. Das Resultat hat keine allgemeine Gültigkeit und läßt nicht darauf schließen, wie die Kurve idealerweise sein sollte.

Trainingsphysiologisch kann man einen einzelnen Muskel nicht als Einheit ansehen. Strenggenommen bringt eine Übung ausschließlich in jener Gelenkstellung einen Kraftzuwachs, in der der Muskel überschwellig belastet wird. Dies bedeutet, daß jeder tätige Mensch allein durch seine alltägliche Beschäftigung eine veränderte, »unechte« Kraftkurve aufweist. Deren Verlauf ist dementsprechend so unterschiedlich wie die Belastungsanforderungen, denen er ausgesetzt ist. Um eine unverfälschte Kraftkurve zu gewinnen, bieten sich zwei Möglichkeiten an:

Man testet völlig untrainierte, bettlägerige Menschen, deren Muskeln stark geschwunden sind. Die Kraft wäre zwar gering, die Kraftkurve aber nicht durch partielle Belastung verändert.

Die Alternative wären Messungen mit Menschen »am anderen Ende der Skala«, also über den ganzen Gelenkbereich bis an die Grenze ihres genetischen Potentials auftrainierte Menschen.

Die Erfahrungen in der medizinischen Kräftigungstherapie haben gezeigt, daß die schwachen Bewegungsabschnitte stärker auf das Training ansprechen als die starken, das heißt die schwächeren holen auf.

Muskelfasern

Im Endeffekt gleicht sich die Kurve aus und zeigt einen gleichmäßigen Verlauf, der sich von Individuum zu Individuum kaum mehr unterscheidet. Diese Kraftkurve könnte man als »ideal« bezeichnen.

Generell läßt sich feststellen: Die Schwächen des Muskels – und damit die Zuwachsreserven – befinden sich überwiegend in der Schlußphase der Kontraktion. Dies kann nicht verwundern, treten doch fast alle trainingswirksamen Belastungen in Beruf und Sport eher im Anfangs- und Mittelbereich seiner Verkürzung auf als in der Nähe der vollen Kontraktion.

In den Kraftkurven eines Menschen liegt mehr Information, als auf Anhieb zu erkennen ist. Tatsächlich zeigen Untersuchungen an Rückenpatienten, daß die Wiederherstellung der ursprünglichen Kraftkurve zur Schmerzfreiheit führt.

Wir wissen noch nicht, wie sich ein Mensch fühlt, dessen Kraftkurven sich von Jugend auf physiologisch richtig und auf relativ hohem Niveau stabilisiert haben. Daß er Leiden wie Rheuma je kennenlernen wird, ist zweifelhaft. Es ist zu vermuten, daß sich die Resultate der Rückentherapie auch an anderen Gelenken als denen der Wirbelsäule wiederholen lassen.

Der Ausbreitungs-Effekt

Wenn ein Sprinter ausschließlich seine Beine einem Krafttraining unterzieht, wird er nach einiger Zeit feststellen, daß auch seine übrigen Muskeln an Kraft und Masse gewonnen haben – selbstverständlich nicht im gleichen Ausmaß wie die Beinmuskeln, jedoch in einer objektiv feststellbaren Größenordnung. Würde jemand ausschließlich die Arme trainieren, wäre ein ähnlicher Effekt nicht zu verzeichnen.

Es scheint, daß die gereizte Muskelmasse eine Mindestgröße aufweisen muß, um diesen Effekt auszulösen. Wenn also in irgendeiner Körperregion ein größerer Kraftzuwachs erzielt wird, ist es nicht automatisch so, daß andere Muskeln davon profitieren. Vielmehr kann sogar das Gegenteil eintreten: Ein Muskel wird schwächer durch Nichtgebrauch, während sein Antagonist durch adäquate Reize stärker wird.

Der Ausbreitungseffekt stellt sich offenbar erst ein, wenn die Größe der gleichzeitig gereizten Muskelmasse ein bestimmtes Maß überschreitet.

Diese Erkenntnis hat praktische Bedeutung: Am Anfang einer Trainingseinheit sollte vorzugsweise das Training der großen Muskeln – Gesäß, Beine und Rücken – stehen.

Körper und Muskeln

Der Aufpump-Effekt

Unmittelbar nach intensiven Anstrengungen schießt das Blut in die betroffenen Muskeln, um diese einerseits mit Nahrung und Sauerstoff zu versorgen, andererseits von den Abbauprodukten des Stoffwechsels zu befreien.
Die daraufhin entstehende Situation im Muskel erinnert an diejenige in unseren Städten während der Hauptverkehrszeit: Der Verkehr bzw. die Blutzirkulation bricht zusammen. Die Abbauprodukte, unter anderem Milchsäure, bilden sich schneller, als das Blut sie wegzuschaffen bzw. zu neutralisieren vermag. Die folgenden »Aufräumarbeiten« dauern eine gewisse Zeit, je nach Höhe der vorausgegangenen Arbeitsintensität und dem Trainingszustand des Muskels. Der Effekt ist um so größer, je unvorbereiteter der Muskel von Anstrengungen getroffen wurde – möglicherweise eine Erklärung dafür, weshalb Einlaufen vor dem Krafttraining den Trainingseffekt mindert.

Der beschriebene Zustand, die Verschiebung der Blutmenge an die Peripherie des Körpers, in seine Muskeln, geht beim Trainierenden mit einem Gefühl des Aufgepumptseins einher und ist in keiner Weise unangenehm. Der Aufpumpeffekt ist ein Zeichen dafür, daß trainingswirksame Anstrengungen vorangegangen sind. Er hat auch Bedeutung für das Wachstum der Muskelmasse, da er eine Ausweitung der Blutgefäße bewirkt.

Muskelmasse wächst in Schüben – Kraft linear

Wer eine gewisse Krafttrainingserfahrung hat, kennt das Phänomen: Die Kraft wächst kontinuierlich, die Muskelmasse stagniert. Plötzlich – sozusagen »über Nacht« – hat die Muskelmasse ein bis zwei Kilo zugenommen. Dabei bleibt es dann wieder für einige Wochen, während die Kraft weiter zunimmt.

Dieses seltsame Verhalten unseres »Systems« hat zu einigen Spekulationen Anlaß gegeben.

Eine Trainingsmethode, die »Kraft, jedoch keine Muskeln« produzieren soll, ist solch ein Traum, dem noch zahlreiche Trainer nachhängen, ähnlich jenen »Erfindern«, welche an einem Perpetuum mobile arbeiten.

Von allen Möglichkeiten zur Anpassung an Umweltanforderungen ist der Anbau von Muskelsubstanz diejenige, die unser Körper erst dann wahrnimmt, wenn es wirklich nicht mehr anders geht.

Wie sieht es in einem Fabrikbetrieb aus, wenn die Anzahl der Aufträge

Muskelfasern

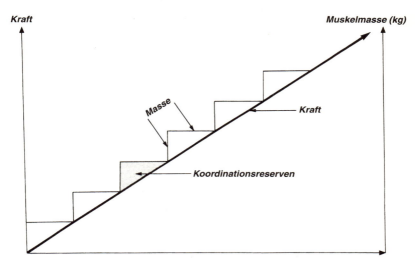

Der Muskel reagiert auf steigende Anforderungen erst nach Ausschöpfung seiner Koordinationsreserven mit einem Wachstum der Masse (»Treppenmuster«)

zunimmt? Da gibt es mehrere Möglichkeiten, mit dem Problem fertig zu werden. Die Betriebsleitung könnte z. B. mehr Personal einstellen, das dann allerdings ausgebildet und bezahlt werden muß. Oder man rationalisiert die Fertigung und stimmt alle Arbeitsgänge haargenau aufeinander ab, so daß mit dem geringsten finanziellen Aufwand mehr produziert werden kann.

Wenn wir die Muskelfasern als »Arbeiter« betrachten und den Muskel als »Fabrik«, trifft das zweite Modell zu. Bevor »neue« Muskelfasern rekrutiert werden – die ohnehin erst gefüttert und koordiniert werden müssen –, versucht das Zentralnervensystem die bestehenden Fasern besser zu organisieren. Man nennt das die »intramuskuläre Koordination«. Erst wenn diese – energetisch »billigere« – Möglichkeit ausgeschöpft ist, werden neue Muskelfasern – »Mitarbeiter« – rekrutiert.

Ist dies geschehen, werden die neuen Fasern von Tag zu Tag geschickter eingesetzt, die intramuskuläre Koordination verbessert sich laufend, so daß auch bei weiter ansteigender Belastung über mehrere Wochen kein Wachstum mehr nötig ist.

Doch dann wiederholt sich das Ganze unweigerlich, sofern die Steigerung der Anforderungen nicht aufhört.

Die These lautet somit: Der Muskel reagiert auf steigende Anforderungen erst *nach* Ausschöpfung seiner Koordinationsreserven mit Masse-Wachstum.

Trainingsintensität und Trainingsumfang

Mehr Training ist nicht gleichbedeutend mit *besserem* Training. Hart und viel trainieren ist ein Widerspruch, eine physiologische Unmöglichkeit. Steigt die Intensität, sinkt automatisch der Umfang und umgekehrt. Die Erhöhung des einen Faktors geht immer auf Kosten des anderen. Einige wenige Menschen sind fähig, hundert Meter in 10 Sekunden zu laufen. Keiner von ihnen wird aber eine zehnmal längere Strecke in der zehnmal längeren Zeit schaffen, weil die Intensität, die erforderlich ist, um 100 Meter in 10 Sekunden zu laufen, eben nur 10 Sekunden durchgehalten werden kann.

Mit dem Argument, die »anderen« seien eben »Profis« und könnten den ganzen Tag trainieren, wird oft die Überlegenheit anderer Sportnationen erklärt. Auch wenn wohl die Sportfans jeder Nation mit diesem Vorwand eigene Niederlagen zu entschuldigen suchen – der einzige Vorteil eines Profis dem berufstätigen Amateur gegenüber besteht darin, daß er, bedingt durch den Wegfall der Berufsarbeit, bessere Bedingungen zur Erholung hat. Sollte ein Sportler wirklich den »ganzen Tag« seine Kraft trainieren, so wird er sehr bald damit aufhören müssen, weil sich nach kurzer Zeit nicht nur sein Leistungsniveau, sondern auch sein Immunsystem und damit sein Gesundheitszustand ganz rapide verschlechtern werden.

Krafttraining ist seiner Natur nach intensiv. Der Arbeitsumfang ist gewissermaßen ein unvermeidliches Übel, bedingt durch die Vielzahl der Muskeln, die unseren Bewegungsapparat ausmachen und die alle trainiert werden müssen. Den Trainingsumfang gilt es möglichst klein zu halten – zu Gunsten einer höheren Intensität.

Jede Einzelübung erfordert eine gewisse Anzahl an Wiederholungen, um die biologischen Aktivitäten im Muskel in Gang zu bringen. Das ganze Programm multipliziert diesen Energiebetrag, weil zur reizwirksamen Abdeckung der ganzen Skelettmuskulatur verschiedene Übungen erforderlich sind.

Trainingsintensität

Überschreitet die Arbeitsmenge einen bestimmten Umfang, reduziert sich der Trainingseffekt auf Null oder gar darunter. Denn dadurch werden Reserven des Organismus angegriffen, die der Wiederherstellung nach dem Training zu dienen hätten.

Bei der Ausarbeitung eines Trainingsprogrammes muß man stets von der Maxime ausgehen, mit möglichst wenigen Übungen den ganzen Bewegungsapparat zu erfassen und nicht, wie es oft geschieht, buchstäblich »alles« zu machen.

Daß es Sportler gibt, die täglich mehrere Stunden trainieren, widerspricht diesem Sachverhalt nicht; es besagt lediglich, daß diese Leute offenbar die Zeit dazu haben. Daß sie mit erheblich geringerem, aber intensiverem Trainingsaufwand mindestens gleichwertige Resultate erzielen würden, kann mit Sicherheit angenommen werden. Dem Autor sind Spitzenathleten begegnet, die nicht wegen, sondern trotz ihres Trainings Spitzenathleten waren. Entsprechendes genetisches Rüstzeug macht eben manches wieder wett. Woher diese Gewißheit? Weil in diesen Fällen allein durch eine Reduktion des Trainingsumfanges ein sprunghafter, meßbarer Kraftzuwachs erzielt wurde, ohne daß irgend etwas anderes verändert worden wäre.

Der Irrtum, daß »mehr« auch »besser« sei, geistert nicht nur durch den Sportbetrieb, sondern ist auch in anderen Bereichen ein weitverbreiteter Denkfehler; man denke nur an die unzähligen Fälle von Medikamentenvergiftungen.

Übertraining

Ein »Zuviel« an Training zeitigt dieselben Resultate wie ein »Zuwenig«: Die Kräfte schwinden. Noch heute geistert die »Tonnen-Theorie« durch die Lehrbücher. Nach dieser Theorie wird die Qualität einer Trainingsperiode an der Summe der in dieser Zeit »umgesetzten« Tonnen gemessen. Solange solche Torheiten im Umlauf sind, ist es nicht erstaunlich, wenn bei vielen Sportlern *chronisches Übertraining* den *Normalzustand* darstellt.

Die Symptome von beginnendem Übertraining sind:

- Leistungsabfall
- Gefühl des »Erschlagenseins« beim Aufwachen am Morgen
- Nachlassen des Appetits in Form einer Abneigung gegen eiweißhaltige Speisen wie Fisch, Eier und Fleisch
- Trainingsunlust
- chronischer Muskelkater
- Nervosität
- Erkältungsanfälligkeit

Körper und Muskeln

Beim Auftreten dieser Symptome ist eine Pause von mindestens zehn Tagen die einzig sinnvolle Maßnahme. Danach soll das Training wieder aufgenommen werden; intensiver, doch in geringerem Umfang.

Bewegungstempo

Nicht die Bewegung, sondern die Spannung bewirkt den Trainingseffekt. Da nun aber die Spannung in möglichst vielen Gelenkwinkeln erzeugt werden soll, ergibt sich eine Bewegung.

Aufgrund der Besorgnis, ihre Athleten würden langsam und schwerfällig, empfehlen viele Trainer eine rasche, »zackige« Bewegungsausführung beim Krafttraining – eine mehr als bedenkliche Anweisung! Schnelle Bewegungen mit Gewichten sind gefährlich und außerdem weniger produktiv als langsame. Gefährlich sind sie, weil dadurch Belastungsspitzen entstehen, die über der »Bruchlast«-Grenze der Sehnen, ja selbst der Knochen liegen; weniger produktiv, weil das Gewicht in Schwung gerät und von da an keine Spannung mehr auf den Muskel wirkt.

Der Begriff »Schnellkraft« – in Fachdiskussionen oft als eine Art »veredelter« Rohkraft verwendet – bedarf einiger Erläuterung. Ein starker Motor beschleunigt schneller als ein schwacher. Das gleiche gilt für den Muskel. Die Schnelligkeit, die beispielsweise ein Sprinter benötigt, ist von mehreren Faktoren abhängig. Der wichtigste ist schlicht die Fähigkeit, laufen zu können. Dieses »Können« hängt vom reibungslosen Funktionieren des Nervensystems ab und wird durch stete Wiederholung, also Übung, verbessert. Je öfter jemand läuft, um so besser lernt er seine Muskelkraft im Sinne der Bewegungsaufgabe zu nutzen. Als anlagebedingte und daher nicht veränderbare Faktoren kommen hinzu: Körperproportionen und daraus resultierende Hebelverhältnisse, Reaktionsvermögen, Dominanz von Fast-Twitch-Fasern und viele andere Faktoren. Doch alle diese Faktoren sind völlig unwirksam ohne die Kraft der Muskeln, die letztlich die Bewegung ermöglichen.

Veränderbar sind indessen die Koordination, also die Bewegungssteuerung, und die Kraft. Wenn beides verbessert wird, ergibt sich das, was mit »Schnellkraft« gemeint ist.

Beide Funktionen dürfen aber nicht gleichzeitig mit derselben Übung trainiert werden. Vielmehr soll die Koordination für das Laufen mit Laufübungen, die Kraft der Muskeln durch spezifisches Krafttraining erhöht werden.

Trainingsintensität

Es gibt also keinen vernünftigen Grund, das Bewegungstempo bei der Durchführung einer Kräftigungsübung zu steigern.

Gewichtshöhe und Wiederholungszahl

Genau genommen sind weder das Gewicht noch die Anzahl der Wiederholungen aussagekräftig, sondern die Spannungshöhe und die Anspannungszeit.

Das Training nach der Uhr hat gegenüber dem Zählen der Wiederholungen einen gewichtigen Vorteil: Man kann sich voll auf die korrekte Ausführung konzentrieren. Der Ehrgeiz wird dahin gelenkt, möglicht lange auszuhalten. Beim Zählen jedoch geht das Bestreben dahin, noch eine und noch eine Wiederholung zu schaffen, was leicht zu einer Beschleunigung der Bewegung, verbunden mit einer Verringerung des Bewegungsausschlages von Wiederholung zu Wiederholung führen kann.

Da jedoch in der Praxis das Zählen der Wiederholungen noch weitaus verbreiteter ist, ist es wichtig, sich für die Zeitdauer der einzelnen Wiederholung an einen klar definierten Standard zu halten. Erst dann können Wiederholungen als Maßeinheit verstanden werden.

Grundsätzlich soll langsam trainiert werden. 4 Sekunden für die Kontraktionsphase (das Heben des Gewichts), 1–2 Sekunden Pause in der vollständig kontrahierten Position, 4 Sekunden für die Extensionsphase (das Herunterlassen des Gewichts). Eine ganze Wiederholung dauert somit 9–10 Sekunden, 6 Wiederholungen etwa eine Minute.

Für Anfänger ist jeder Widerstand, der zwischen 5 Wiederholungen (50 Sekunden) und 10 Wiederholungen (100 Sekunden) erlaubt, »richtig«. Weniger als 5 Wiederholungen mobilisieren die biologischen Aktivitäten im Muskel unzureichend; ab etwa 10 Wiederholungen wird wegen des niedrigen Widerstandes die notwendige Spannungshöhe nicht mehr erreicht. Wiederholungen zwischen 5 und 10 können als Standard gelten. Welcher Widerstand auch immer verwendet wird: Wichtig ist, daß die Übung bis zum Versagen der Muskeln ausgeführt wird.

Mit wachsendem Trainingsfortschritt wird die Bandbreite wirksamer Belastungsdosen enger. Die genetisch bedingten Unterschiede gewinnen an Bedeutung. Die Trainingsdosis sollte dem dominanten Fasertyp Rechnung tragen.

Wenn Sie »normale«, das heißt eine ausgewogene Verteilung von schnel-

Körper und Muskeln

len und langsamen Muskelfasern aufweisen, gehören Sie zur Mehrheit (etwa 60 Prozent). Ihre empfohlene Dosis entspricht *6–8 Wiederholungen, also 60–80 Sekunden, ein- bis zweimal pro Woche.*

Wenn Sie zu den 30% der Bevölkerung gehören, bei denen die Fast-Twitch-Fasern dominieren, vertragen Sie nur kurze Belastungszeiten und benötigen mehr Zeit für die Superkompensation. *Empfohlene Dosis: 4–6 Wiederholungen, also 40–60 Sekunden, einmal pro Woche.*

Mit Slow-Twitch-dominanten Muskelfasern gehören Sie zu einer Minderheit von etwa 10 Prozent. Sie vertragen relativ lange Belastungszeiten und benötigen weniger Zeit für die Superkompensation. *Empfohlene Dosis: 8–12 Wiederholungen, also 80–120 Sekunden, zwei- bis dreimal pro Woche.*

Tägliches Training

Es gibt Umstände, unter denen tägliches Training zumindest vorübergehend Sinn hat. Wer mit dem Training aufhört, verliert Muskelsubstanz. Bei Wiederaufnahme des Trainings ist der Gewinn beschleunigt. Dies ist eine tröstliche Tatsache.

Wie schnell so etwas geht, zeigte das »Colorado-Experiment« von 1973: Casey Viator, ein ehemaliger »Mr. America«, gewann seine verlorene Muskelmasse von 25 kg innerhalb von vier Wochen zurück. Und dies bei einer kalorienreduzierten und eiweißarmen Diät. Das Experiment zeigte unter anderem, daß kein Kalorienüberschuß vorhanden sein muß, um Muskelmasse aufzubauen. Der Körper ist durchaus in der Lage, das benötigte Muskeleiweiß aus Ablagerungen und nicht benötigtem Körpergewebe zu synthetisieren; zumindest bei einem jungen, gesunden Menschen.

Weil beim Wiedergewinn der Aufbauprozeß sozusagen im »Zeitraffertempo« stattfindet, ist es sinnvoll, nach einer längeren Trainingspause die ersten fünf bis zehn Tage täglich zu trainieren.

Dieses tägliche Training sollte sanft beginnen, mit ca. 30 Prozent des früheren Bestgewichts, jedoch gleicher Wiederholungszahl. Am zweiten Tag 40 Prozent, am dritten 50 Prozent usw.

Niemals soll gleich am ersten Tag bis zur (lokalen) »Erschöpfung« trainiert werden.

Wieviele Tage Sie hintereinander trainieren sollen, richtet sich nach der Länge der vorangegangenen Unterbrechung. Wenn Sie lediglich drei

Trainingsintensität

Wochen nicht trainiert haben, sind Sie nach vier aufeinanderfolgenden Trainingstagen wieder auf dem Stand, auf dem Sie vor der Pause waren. Das bedeutet, daß Sie wieder normal trainieren können. Haben Sie ein Jahr oder länger ausgesetzt, sollten Sie mindestens zehn Tage hintereinander in der oben beschriebenen Weise Ihr Training wieder aufnehmen, jedoch mit einem flacheren Belastungsanstieg.

Muskelkontrolle

Die Isolation der Muskeln bereitet jedem Neuling im Krafttraining sichtlich Mühe. Statt jene Muskeln, welche mit einer bestimmten Übung angesprochen werden sollen, voll anzuspannen, verkrampft er sich und belastet Muskeln, die nicht belastet werden sollen.

Moshé Feldenkrais schreibt in seinem Buch »Der aufrechte Gang«: »Wenn unsere Muskeln infolge willkürlicher Betätigung arbeiten und wenn es uns gelingt, uns ihrer Aufgaben innezuwerden, so sollten wir danach auch Muskelanstrengungen erkennen lernen, die uns Gewohnheit und daher gewöhnlich unserem Bewußtsein verborgen sind. Wenn wir uns solche überflüssigen Anstrengungen abgewöhnen können, dann werden wir die ideale stabile (Körper) Stellung klarer erkennen.«

Tatsächlich resultieren eine ganze Menge von Beschwerden aus dem falschen Gebrauch des Körpers. So können Sie z. B. leicht beobachten, daß fast alle Menschen den Kopf einziehen und die Halsmuskulatur verkrampfen, sobald sie sich hinsetzen oder aus dem Sitzen heraus aufstehen.

Feldenkrais hat sich ausschließlich mit diesem Problemkreis befaßt und ist zu interessanten Schlüssen gekommen. So hat er herausgefunden, daß seelische Zustände sich nicht bloß in Muskelspannungen ausdrücken, sondern daß auch die umgekehrte Wirkung eintreten kann: Seelische Zustände können durch Muskelspannungen hervorgerufen und gesteuert werden!

In Konsequenz dieser Erkenntnis könnte man – überspitzt – formulieren: Wer seine Muskeln kontrolliert, kontrolliert auch seine Psyche.

Wenn Sie beim Training darauf achten, daß wirklich nur jene Muskeln arbeiten, die Sie mit dieser bestimmten Übung kräftigen wollen, geht es um mehr als nur darum, eine Übung »richtig« zu machen. Es geht darum, daß Sie Ihren Körper so wahrnehmen wie ein Pianist sein Klavier: als ein Instrument, das Ihnen zur Verfügung steht und dessen richtiger Gebrauch erlernbar ist.

Körper und Muskeln

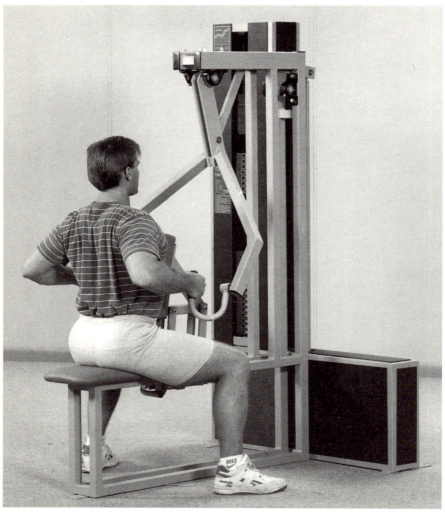

Kontrolle des Muskeleinsatzes: Nur jene Muskeln arbeiten, die mit der Übung angesprochen werden sollen. Training der Großen Rückenmuskeln am »MedX-Rowing«-Gerät

Trainingsintensität

Partner

Ein wirksames Mittel, den Trainingserfolg zu steigern, ist das Training zu zweit. Wir haben die Neigung, Anstrengungen zu umgehen, »Abkürzungen«, Vereinfachungen zu finden. Die ganze technische Entwicklung der Menscheit dient letztlich diesem Zweck.

Wie sehr solches Streben auch dem Überleben der Spezies Mensch im allgemeinen genützt hat – im Training ist es kontraproduktiv.

Wenn jemand z. B. die Fähigkeit entwickelt hat, eine 100-kg-Hantel zur Hochstrecke zu bringen, ist dies nur zu einem minimalen Teil auf ein echtes Kraftwachstum zurückzuführen. In der Hauptsache ist es die Koordination, die hier entwickelt wurde; also eine bessere Organisation des Kräfteeinsatzes. Dies ist zweifellos der intelligentere Weg, wenn es darum geht, ein Gewicht hochzuheben. Der Zweck von Krafttraining besteht aber darin, den Muskel zu reizen, ihn über das bisherige Maß hinaus zu belasten, damit er mit Kraftzuwachs reagiert.

Wenn wir allein trainieren, entwickeln wir unbewußt »Techniken« zur Umgehung der Anstrengung. Wir haben das Ziel im Auge, nicht den Weg. Der Trainingsstil wird »unsauber«, und dies geschieht immer auf Kosten des Trainingseffektes.

Permanente Überwachung durch einen Trainer wäre eine Lösung dieses Problems, allerdings eine kostspielige. Doch können sich zwei Trainingspartner gegenseitig solche »Privatstunden« bieten: Der eine trainiert, der andere beobachtet und macht auf Formfehler aufmerksam. Nachdem der erste Partner sein Training hinter sich hat, wechseln die Rollen.

Das Training mit einem Partner ist beliebt, wird aber meistens unzweckmäßig angewendet.

■ Fehler Nr. 1 besteht darin, den »Motivator« zu spielen und den Partner zu bedrängen: »Noch eine Wiederholung und noch eine« usw. Abgesehen davon, daß diese Art Pulver allzu schnell verschossen ist, führt ein solches Vorgehen dazu, daß die autosuggestiven Kräfte des Trainierenden allmählich erlahmen. Er braucht zunehmend höhere Dosen an »Befehlen« (und Anerkennung), trainiert nicht mehr aus sich heraus für sich selbst, sondern für den anderen.

■ Fehler Nr. 2 ist zu große Zuvorkommenheit – im wörtlichen Sinne: Der Trainierende wird verwöhnt und ist ist schließlich nicht

Körper und Muskeln

mehr fähig, allein zu trainieren. Er braucht seinen »Butler«, um das Gewicht einzustellen, die Sitzhöhe zu regulieren, das Handtuch auf dem Polster zu plazieren, die Trainingskarte zu verwalten usw.

- Fehler Nr. 3 liegt im Mitteilungsbedürfnis: Man kommt »ins Gespräch« und vergißt den Zweck des Beisammenseins.

- Fehler Nr. 4: Kraft demonstrieren, statt trainieren.

- Fehler Nr. 5: Die Rollen nach jeder Übung tauschen, statt das ganze Training in einem Zug erst für den einen, dann für den andern Partner durchzuziehen.

Partnertraining ist dann am wirksamsten, wenn der Partner einfach mitgeht, bei den Übungen daneben steht und nur dann etwas sagt, wenn der Trainierende von der korrekten Ausführung abweicht.

Das Einlaufen beim Krafttraining

Das Einlaufen wird oft – fälschlicherweise – als »Aufwärmen« bezeichnet. Dadurch entsteht der Eindruck, wir wären zu »kalt« (wie ein Automotor im Winter) und müßten erst unsere Betriebstemperatur erreichen, um »auf Touren« zu kommen. Wer wirklich »kalt« ist, ist tot. Unser Körper bewahrt eine konstante Wärme von ca. 37 °C. Sein Problem beim Training besteht weniger in einer zu niedrigen als in einer zu hohen Körpertemperatur. Steigt diese über 42 °C, gerinnt das Muskeleiweiß, und der Tod tritt ein. Der Katastrophe durch Kühlung der Oberfläche vorzubeugen ist der ausschließliche Zweck des Schwitzens – eine Notmaßnahme, die ihren Preis hat: Sie schwächt ungemein. Muskeln bestehen zu zwei Dritteln und mehr aus Wasser. Je trainierter, desto wasserhaltiger. Wasserverlust ist deshalb Kraftverlust.

Früher glaubte man mit dem Einlaufen die im Wettkampf benötigte Energie bereitzustellen. Diese steht aber auch ohne Einlaufen bereit.

Der Nutzen des Einlaufens liegt im neurologischen und im mentalen Bereich, indem bestimmte wettkampfspezifische Bewegungsmuster aus dem »Archiv« abgerufen und zum Gebrauch bereitgestellt, koordiniert werden.

Ein solches Vorgehen hat Sinn vor Wettkämpfen, ebenfalls vor Maximalanstrengungen, z. B. isometrischen Krafttests. Es hat jedoch keinen Sinn beim Krafttraining isolierter Muskelgruppen, weil hier Koordination (Erleichterung) nicht erwünscht ist.

Trainingsintensität

Das »Einlaufen« erfolgt beim Krafttraining »automatisch« in den ersten vier bis acht Wiederholungen vor der maximalen Anstrengung der letzten Wiederholung.

Tageszeit

Wann trainiert man am besten? Am Abend, während des Nachmittags oder gar am frühen Morgen? Daß man nicht unmittelbar nach einer üppigen Mahlzeit Schwerarbeit leisten soll, hat sich inzwischen herumgesprochen. Weniger bekannt ist die Begründung.

Unser Organismus arbeitet in zwei Phasen: der des Sympathikus und der des Parasympathikus. Die Sympathikusphase ist die Leistungsphase. Schaltet sie sich ein, steuert der sympathische Strang des vegetativen Nervensystems eine ganze Reihe von Vorgängen in unserem Körper, die einem einzigen Zweck dienen: der raschen Erstellung der Leistungsbereitschaft. Unter anderem verschiebt sich die Blutmenge von den inneren Organen an die Peripherie, in die Muskeln. Die Verdauungsorgane stellen dabei ihre Arbeit weitgehend ein. Der ganze Körper ist auf Kampf oder Flucht bzw. Leistung eingestellt.

Wurde genügend Arbeit geleistet, wird im Nervensystem sozusagen der Schalter gedreht und die Erholungsphase, die des Parasympathikus, eingeleitet. Hunger meldet sich, ebenso ein Bedürfnis nach Ruhe. Das Blut kehrt von den äußeren Regionen in den Verdauungstraktes zurück.

Diese rhythmische Eigendynamik unseres Körpers, das jeweilige Vorherrschen der Erholungs- bzw. der Leistungsphase zu bestimmten Tageszeiten, müssen wir beachten, wenn wir die Trainingszeit festlegen. Physiologisch richtig wäre es, eine Phase so lange auszuleben, bis sich die andere selbst einschaltet – ein Idealzustand, den man nur noch bei Tieren und einigen Naturvölkern beobachten kann.

Die Eindeutigkeit, mit der ein Organismus jede Phase lebt, ist ein Kriterium seiner Gesundheit. Zweigleisigkeit deutet auf gesundheitliche Störungen oder kann zu solchen führen. Obwohl heute feststeht, daß Störungen im vegetativen Nervensystem zumeist seelische Ursachen haben, bleibt uns noch die Möglichkeit, grobe Fehler in dieser Richtung zu vermeiden, z. B. das bekannte »Morgenturnen«.

Während der Nacht befindet sich der Körper eindeutig in der Erholungsphase, die erst ein bis zwei Stunden nach dem Frühstück ihren Abschluß

Körper und Muskeln

gefunden hat. Wird nun vor dem Frühstück energisch geturnt, kann einem buchstäblich der Appetit vergehen. Wird unmittelbar nach dem Frühstück geturnt, tritt eine Reaktion ein, der man in einem Versuch mit Hunden nachgegangen ist: Alle Hunde wurden zunächst gefüttert. Die eine Hundegruppe wurde nach dem Fressen gehetzt, die andere ließ man schlafen.

Bei der nachfolgenden Untersuchung des Mageninhaltes aller Hunde zeigte sich Folgendes: Die ruhenden Hunde hatten ihr Futter restlos verdaut. Die gehetzten Hunde hingegen hatten nicht nur nichts verdaut, sondern wiesen gar Symptome einer Magenvergiftung auf, weil die Nahrung bereits in Fäulnis überging.

Die Fürsprecher des Frühturnens gehen offenbar von der Annahme aus, daß ein Training um so wirkungsvoller ist, je mehr Selbstverleugnung dazu aufgebracht werden muß. Diese Vorstellung, vermutlich gewachsen in der geistigen Windstille eines Kasernenhofes, hält keiner vernünftigen Betrachtung stand.

Die richtige Trainingszeit ist eine Zeit, während der sich der Körper in der Leistungsphase befindet: ab einer Stunde nach dem Aufstehen, nicht unmittelbar nach einer Mahlzeit und nicht am späten Abend.

Trainingsprinzipien

- Führen Sie pro Training maximal 12 Übungen aus.

- Trainieren Sie ein bis zweimal pro Woche. Jedes Training soll den ganzen Körper erfassen.

- Wählen Sie ein Gewicht, das Ihnen mindestens 6, höchstens 8 Wiederholungen erlaubt bzw. eine Anspannungsdauer von mindestens 60, höchstens 80 Sekunden zuläßt.

- Führen Sie jede Übung bis zur lokalen Erschöpfung der betroffenen Muskeln aus, das heißt bis Ihnen keine zusätzliche Wiederholung mehr möglich ist. Wenn Sie 8 oder mehr Wiederholungen schaffen bzw. die Anspannungsdauer länger als 80 Sekunden aufrechterhalten können, erhöhen Sie den Widerstand.

- Vermeiden Sie jede »Hilfe« durch Drehen, Winden oder Mitschwingen des Körpers. »Isolieren« Sie stets die Muskeln so weit als möglich.

- Die positive Bewegungsphase soll mindestens 4 Sekunden, die negative ebenfalls etwa 4 Sekunden dauern. Halten Sie dazwi-

Trainingsprinzipien

- schen die volle Kontraktion während ein bis zwei Sekunden.

- Versuchen Sie die Bewegungen eher langsamer (als schneller) zu machen, aber passen Sie die Wiederholungszahl dem Tempo an.

- Entspannen Sie jene Muskeln, die nicht in die Bewegung einbezogen sind. Achten Sie besonders auf Hände, Nacken und Gesicht. Stöhnen oder andere spektakuläre Laute sind überflüssig.

- Halten Sie während der Anstrengung nie den Atem an. Atmen Sie Ihrem Sauerstoffbedarf entsprechend. Der Atemrhythmus muß nicht zwangsläufig mit dem Bewegungsrhythmus übereinstimmen.

- Erhöhen Sie nie das Gewicht auf Kosten einer sauberen Übungsausführung.

- Trainieren Sie – wenn möglich – mit einem Partner, der Sie auf Formfehler hin überwacht.

- Notieren Sie das Gewicht, das Sie im nächsten Training verwenden werden, auf Ihrer Trainingskarte.

- Trinken Sie zwischen den Übungen viel Wasser – ohne jeden Zusatz. Nehmen Sie nichts zu sich, das Verdauungsarbeit erfordert.

- Erlauben Sie sich nach dem Training mindestens 48 Stunden Pause. Die Muskeln wachsen nicht während des Trainings, sondern danach.

Die wichtigsten Muskeln und ihre Funktionen

Die Torsomuskulatur von vorne

Deltamuskel (deltoideus):
1. hebt den Arm nach vorn; Übungen: 4, 6, 25, 27, 31, 36

2. hebt den Arm seitwärts in die Horizontale; Übungen: 31, 32, 33, 34

3. Brustmuskel (pectoralis major): bringt den Arm nach vorne innen, ebenso den Schultergürtel; Übungen: 6, 25, 26, 27, 28, 29, 30

4. Sägemuskel (serratus anterior): zieht die Schulterblätter nach vorn und ermöglicht damit ein Heben des Armes über die Horizontale hinaus; Übungen: 6, 25, 28

5. Gerader Bauchmuskel (rectus abdominis): nähert den Brustkorb dem Becken; Übungen: 45, 46, 47

6. Schräge Bauchmuskeln (obliques abdominis): ermöglichen die seitliche Beugung und die Drehung des Rumpfes; Übung: 44

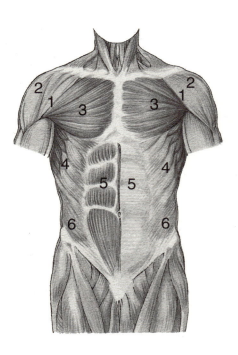

Die wichtigsten Muskeln

Die Torsomuskulatur von hinten

Trapezmuskel (trapezius):
1. oberer Teil: hebt und fixiert die Schulter Übungen: 24, 31, 32

2. mittlerer Teil: nähert die Schultern der Wirbelsäule; Übungen: 23, 35

3. unterer Teil: senkt die Schulterblätter; Übungen: 6, 21, 22

4. Deltamuskel (deltoideus): bewegt die Arme in der Horizontale nach hinten; Übungen: 23, 35

5. Großer Rückenmuskel (latissimus dorsi): zieht den Arm von einer Position über dem Kopf mit leichter Innenrotation desselben nach innen unten; Übungen: 5, 17, 18, 19, 20, 21, 22, 23

6. Streckmuskeln der Wirbelsäule (erector spinae): halten die Wirbelsäule aufrecht; Übungen: 1, 2

7. Großer Rundmuskel (teres maior): bringt den Arm unter leichter Einwärtsdrehung an den Rumpf heran; Übungen: 5, 17, 20, 23

8. Kleiner Rundmuskel (teres minor): dreht den Arm um seine Längsachse nach außen; Übung: 35

9. Großer Gesäßmuskel (glutaeus maximus): streckt das Bein im Hüftgelenk und spreizt es nach außen; Übungen: 1, 2, 9, 13, 15

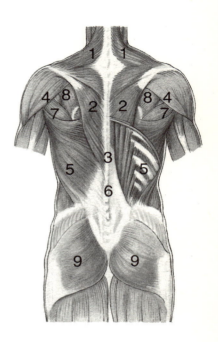

Die wichtigsten Muskeln

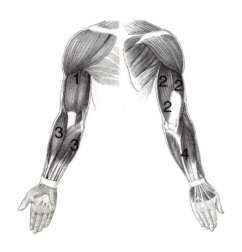

Die Muskeln der Arme

1. Zweiköpfiger Armmuskel (biceps brachii): beugt (zusammen mit zwei kleineren, auf dem Bild nicht sichtbaren Beugern) den Arm im Ellbogengelenk; Übungen: 5, 7, 17, 37, 38

2. Dreiköpfiger Armmuskel (triceps brachii): streckt den Arm im Ellbogengelenk, Antagonist von 1.; Übungen: 4, 6, 25, 39, 40, 41, 42

3. Hand- und Fingerbeuger (flexores); Übung: 8

4. Hand- und Fingerstrecker (extensores); Antagonist von 3.; Übung: 43

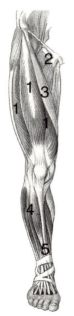

Die Muskeln der Beine von vorne

1. Vierköpfiger Schenkelmuskel (quadriceps): streckt das Bein im Kniegelenk; Übungen: 1, 9, 10, 11

2. Schenkelanzieher (adductores): ziehen das Bein zur Körpermittellinie heran; Übung: 14

3. Schneidermuskel (sartorius): dreht den Oberschenkel nach außen und den Unterschenkel nach innen; Übung: 15

4. Vorderer Schienbeinmuskel (tibialis anterior): hebt den Fuß im Fußgelenk an; Übung: 16

5. Lange Zehenstrecker (extensores); Übung: 16

Die wichtigsten Muskeln

Die Muskeln der Beine von hinten

1. Großer Gesäßmuskel (glutaeus maximus): streckt das Bein im Hüftgelenk und spreizt es ab; Übungen: 1, 2, 9, 13, 15

2. Zweiköpfiger Schenkelbeuger (biceps femoris): beugt das Bein im Kniegelenk; Übung: 12

3. Halbsehnenmuskel (semitendinosus): beugt ebenfalls das Bein im Kniegelenk, Synergist von 2.; Übung wie für den Zweiköpfigen Schenkelbeuger

4. Zwillingswadenmuskel (gastrocnemius): streckt den Fuß im Fußgelenk; Übungen: 1, 3, 9

5. Schollenmuskel (soleos): unterstützt den Zwillingswadenmuskel, Synergist von 4.; die gleichen Übungen verwenden

Das Grundprogramm

Es existiert eine Unzahl von Übungen für das Krafttraining. Eine Unterteilung ist somit unumgänglich. Eine Grobgliederung nach Körperregionen etwa ist immer problematisch, eine genaue Gliederung nach Muskelfunktionen hingegen führt ins Uferlose. Nach dem Motto »Das eine tun, und das andere nicht lassen« soll im folgenden eine Gliederung vorgenommen werden, deren Hauptvorzug in ihrer praktischen Brauchbarkeit liegt.

Das *Grundprogramm* bildet den Ausgangspunkt jeder trainingsmethodischen Planung für das Krafttraining. Es besteht aus den Grundübungen, die in jedem Kraftprogramm enthalten sein sollten. In der aufgeführten Reihenfolge stellen die Grundübungen das vollständige Programm im Sinne des *allgemeinen Krafttrainings* ohne besondere Zielsetzung dar.

Der Anfänger sollte mindestens drei Monate lang zweimal pro Woche danach trainieren, ohne die Reihenfolge der Übungen zu verändern oder einige von ihnen gegen andere auszutauschen. Fortgeschrittene sollen es nach Trainingsunterbrechungen von mehr als drei Wochen fünf Tage lang hintereinander anwenden und danach erst zu ihrem regulären Programm, dreimal pro Woche, zurückkehren.

Eine *Änderung* des Grundprogramms ist nur in zwei Fällen angezeigt: bei sehr schwachen Anfängern und bei Behinderten. Im ersten Fall sollten die Eigengewichtsübungen *Klimmzug* und *Barrenstütz* nach der »Negativ«-Methode ausgeführt oder, sofern die entsprechenden Geräte vorhanden sind, durch die Übungen *Ziehen zur Brust* (17) und *Bankdrücken* (25) ersetzt werden. Die Tragweite von Behinderungen einzuschätzen, ist nicht immer einfach, weshalb im Zweifelsfalle ein Arzt befragt werden sollte. Der beste »Einstieg« in ein wirksames Krafttraining besteht darin, in der ersten Woche täglich von Montag bis Freitag zu trainieren. Danach wird nur noch zweimal pro Woche trainiert.

Sobald bei einer Übung acht Wiederholungen erreicht oder gar überschritten wurde, ist für das nächste Training ein fünf bis zehn Prozent

Grundprogramm

höherer Widerstand vorzumerken und einzuhalten. Das Grundprogramm zum Krafttraining setzt sich wie folgt zusammen:

- Kniebeuge (1)
- Kreuzheben (2)
- Fersenheben (3)
- Drücken (4)
- Klimmzug (5)
- Barrenstütz (6)
- Armbeuge (7)
- Beuge im Handgelenk (8)

Die Übungen des Grundprogramms sind für das Krafttraining die produktivsten. Sie bilden neben den reinen Ausdauerübungen wie Laufen, Radfahren und Schwimmen die Grundlage zur Steigerung aller funktionalen Möglichkeiten des menschlichen Körpers.

Die Übungen des Grundprogramms

Die tiefe Kniebeuge

Die *Kniebeuge* mit einer Hantel auf den Schultern ist nicht nur die wichtigste Beinübung, sondern die *wichtigste Kräftigungsübung* überhaupt Sie erfaßt den unteren Rückenmuskel, den Gesäßmuskel und den großen Muskel am vorderen Oberschen-kel, den Quadriceps: also mehr als die Hälfte der gesamten Muskelmasse des Körpers. Dadurch zeitgt die Kniebeuge den größten Ausbreitungseffekt.

Legen Sie sich die Langhantel quer über die Schultern. Atmen Sie tief ein und behalten Sie die Luft in den Lungen. Indem Sie nun den Rücken geradehalten, lassen Sie sich langsam in die Hockstellung hinuntersinken. Wenn möglich, gehen Sie so tief, daß sich die Rückseite der Oberschenkel und die Waden berühren. Unten angelangt, »federn« Sie nicht ab, sondern bringen Sie sich wieder in die Ausgangslage zurück, wo Sie heftig ausatmen sollten. Wenn Sie wieder gerade stehen, atmen Sie wiederum tief ein und wiederholen das Ganze.

Wählen Sie zu dieser Übung zu Anfang ein Gewicht, das Ihnen etwa sechs Wiederholungen erlaubt. Steigern Sie nun die Wiederholungszahl von Training zu Training bis auf acht. Danach erhöhen Sie das Gewicht der Hantel um etwa fünf bis zehn Prozent. Versuchen Sie nun wieder in jedem folgenden Training, die Anzahl der Wiederholungen zu steigern, bis Sie die Richtzahl Acht von neuem erreicht haben.

Halten Sie den Rücken während der Kniebeuge stets gerade. Sollte Ihnen

Grundprogramm

das schwerfallen (wenn Sie relativ lange Beine haben), können Sie sich zur Übungsausführung mit den Absätzen auf ein 5 cm hohes Brettchen stellen. Diese Maßnahme erleichtert auch die Wahrung des Gleichgewichts während der Bewegung.

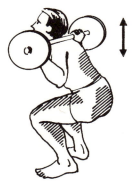

Übung 1: Kniebeuge

Kreuzheben

Das *Kreuzheben* stellt nach der Kniebeuge die wichtigste Kräftigungsübung dar. Sie erfaßt ebenfalls viele Muskeln gleichzeitig, entwickelt aber vor allen Dingen die *Rückenmuskulatur*. Ihre Ausführung ist denkbar einfach:

Sie heben die Hantel so, wie man normalerweise *nie* ein Gewicht vom Boden heben sollte, weil diese Aus- führungsweise unökonomisch und – bei unkontrolliertem Widerstand – gefährlich für den Rücken ist. Doch um die Muskeln zu kräftigen, die Ihren Oberkörper aufrichten und geradehalten, müssen Sie die Übung gerade in *dieser* Weise ausführen. Halten Sie die Hantelstange sicherheitshalber im Kreuzgriff (eine Handfläche nach innen, die andere nach außen). Senken Sie nun den Oberkörper nach vorne, die Knie fest durchgedrückt. Bevor die Hantel den Boden berührt (also nicht absetzen), bewegen Sie sich in die Ausgangslage zurück. Versuchen Sie nicht, den Rücken geradezuhalten. Das *Kreuzheben* ist die einzige Übung, die Sie *nicht* bis zum völligen Versagen der Muskeln ausführen sollen, die Gefahr des Verfälschens wäre zu groß. Hören Sie also mit den Wiederholungen dann auf, wenn Sie leicht ermüden.

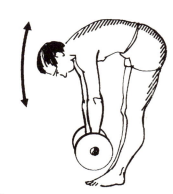

Übung 2: Kreuzheben

Grundprogramm

Fersenheben

Die Wadenmuskeln strecken den Fuß im Fußgelenk. Bei ihrem Training ist die *Dehnungsphase* besonders zu betonen. Verwenden Sie deshalb einen mindestens 12 cm hohen Klotz. Stellen Sie sich mit dem Ballen eines Fußes so auf eine Kante des Klotzes, daß Sie bequem »wippen« können, ohne abzurutschen. Den anderen Fuß legen Sie mit dem Rist an die Achillessehne des trainierenden Beines. Versuchen Sie die Ferse möglichst hoch zu heben bzw. möglichst tief zu senken. Das trainierende Bein halten Sie dabei im Knie völlig gestreckt. Versuchen Sie, möglichst viele Wiederholungen auszuführen. Erst wenn Sie acht Wiederholungen ausführen können, erschweren Sie Sie die Ausführung, indem Sie ein Gewicht von etwa 10 kg halten.

Drücken

Dies ist die klassische Übung der *Gewichtheber*. Mit ihr kräftigen Sie die gesamte Schultermuskulatur, also den Delta-, den Trapez- und den Oberen Brustmuskel. Ein ganz beträchtlicher Teil der Arbeit entfällt noch auf den Trizeps. Die Hantel auf der Brust haltend, atmen Sie ein. Während Sie wieder ausatmen, stoßen Sie die Hantel nach oben. Neigen Sie dabei den Oberkörper lediglich so weit nach hinten, daß die Hantel stets in der Schwerelinie des Körpers bleibt. Senken Sie das Gewicht langsam, atmen Sie dabei ein. Beginnen Sie mit einem Gewicht, das Ihnen etwa 6 Wiederholungen erlaubt. Steigern Sie bis auf 8, danach erhöhen Sie das Hantelgewicht um etwa 5 Prozent.

Übung 3: Fersenheben

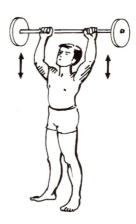

Übung 4: Drücken

Grundprogramm

Klimmzug
Die«Gegenspieler» (Antagonisten) jener Muskeln, die Sie mit dem Drücken trainiert haben, kräftigen Sie nun mit Klimmzügen. Beim Hochziehen atmen Sie aus, während des Herunterlassens atmen Sie ein. Ziehen Sie sich so weit hoch, daß sich Ihr Hals auf der Höhe der Stange befindet. Senken Sie sich so tief, daß die Arme völlig gestreckt werden.

Um ein Schwingen des Körpers zu verhindern, ist es günstig, die Beine anzuziehen, wie dies auf der Abbildung gezeigt wird. Klimmzüge stellen schon *hohe Anforderungen* an die Kraft. Nur wenige Anfänger können diese Übung von Anfang an korrekt ausführen.

Wenn Ihre Kraft noch nicht ausreicht, sollten Sie die Übung sitzend oder kniend an einem Zugapparat ausführen (Übung 17: *Ziehen zur Brust*). Ist ein solcher nicht vorhanden, führen Sie die Übung in der«Negativ»-Variante aus. Zur Steigerung der Belastung können Sie sich auch eine Gewichtscheibe um die Hüften binden.

Barrenstütz

Mit dieser Übung entwickeln Sie die Kraft der vorderen Deltamuskeln, der großen Brustmuskeln und der Armstrecker. Während Sie sich zwischen den Holmen langsam hochstemmen, atmen Sie aus. Beim Herunterlassen atmen Sie ein. Während der ganzen Serie sollten Ihre Füße den Boden nicht berühren. Sobald Sie in der Lage sind, acht korrekte Barrenstüt-

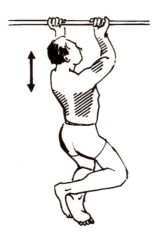

Übung 5: Klimmzug

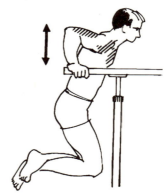

Übung 6: Barrenstütz

Grundprogramm

ze auszuführen, beschweren Sie Ihren Körper, indem Sie sich mit einem Gürtel ein Gewicht umbinden. Reicht Ihre Kraft noch nicht zur Ausführung von mindestens sechs Wiederholungen, verfahren Sie ähnlich wie bei den Klimmzügen: Führen Sie die Übung »negativ« aus oder ersetzen Sie sie durch *Bankdrücken*.

Armbeuge

Die Armbeuge ist die klassische Übung zur *Entwicklung starker Arme*. Die Hauptarbeit leistet dabei der Bizeps. Zu Beginn der Übung lehnen Sie sich etwas nach hinten, die Hantel fest in den Händen; die Knöchel liegen auf den Oberschenkeln. Nun winkeln Sie die Unterarme langsam an, so daß das Gewicht einen Halbkreis beschreibt. Halten Sie die Ellbogen so ruhig wie möglich. Bei der Aufwärtsbewegung atmen Sie aus, bei der Abwärtsbewegung ein. Erhöhen Sie das Gewicht dann, wenn Sie acht Wiederholungen ausführen können.

Beuge im Handgelenk

Diese Übung kräftigt die Unterarme und die Hände. Eine Hantel in den Händen, plazieren Sie Ihre Unterarme so auf den Oberschenkeln, daß die Hände über die Knie hinausragen. Drehen Sie nun die Hände im Gelenk soweit als möglich nach oben. Dann nach unten, bis der Handrücken im rechten Winkel zum Unterarm steht. Wenn Sie zwölf Wiederholungen schaffen, müssen Sie das Gewicht erhöhen.

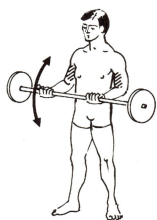

Übung 7: Armbeuge

Übung 8: Beuge im Handgelenk

Spezialübungen

Die Spezialübungen

Die Spezialübungen ergänzen die Grundübungen, ersetzen sie aber nicht. Ihre Anwendung dient auch nicht zur »Abwechslung«, sondern zur Realisierung *besonderer Trainingsziele,* wie zum Beispiel:

- der Kräftigung behinderter Personen, etwa in der Rehabilitation
- der Vorbereitung muskelschwacher Anfänger auf das Grundprogramm
- der Ausbildung von Kraft für spezielle Bewegungsabläufe (in Sport oder Beruf)
- der Ausbildung eines maximalen Kraft-Muskelmasse-Verhältnisses durch Intensivierung der Grundübung mittels »Vorschaltung« von Spezialübungen.
- der Erzielung eines lokalen kosmetischen Effekts, zum Beispiel an Brust und Gesäß bei Frauen

Zu den meisten Muskeln oder Muskelgruppen werden im folgenden mehrere Übungen angeführt. Jede davon belastet den Muskel in einer anderen Phase seiner Verkürzung. Parallelübungen mit gleichem Effekt wurden nicht aufgeführt. So sind denn auch fast alle Übungen, die mit einer Langhantel gezeigt werden, ohne weiteres mit Kurzhanteln durchführbar. Nur umgekehrt geht es nicht: Übungen, die mit Kurzhanteln gezeigt werden, sind nur mit solchen ausführbar. Bei allen Übungen des Krafttrainings wird während der Kontraktionsphase, der »positiven« Bewegung, ausgeatmet. Die von den jeweiligen Übungen hauptsächlich betroffenen Muskeln sind auf den Abbildungen durch eine leichte Schraffur gekennzeichnet.

Die *Beinpresse* ermöglicht ein intensives Training der Gesäß- und Oberschenkelmuskulatur. Ihr Einsatz ist in jenen Fällen von Bedeutung, in denen die Kniebeuge wegen der vertikalen Wirbelsäulenbelastung nicht ausgeführt werden kann.

Übung 9: Beinpresse

Spezialübungen

Beinpressen gibt es in verschiedenen Ausführungen. Die abgebildete Konstruktion hat den Vorteil, daß der Widerstand in jener Bewegungsphase am größten ist, in der auch die meiste Kraft mobilisiert werden kann.

Weitgehend isoliert arbeitet der Unterschenkelstrecker (Quadrizeps) in der *Hackenschmidt-Kniebeuge* (benannt nach ihrem Erfinder, dem russischen Ringer Georg Hackenschmidt). Während der ganzen Übung sind Rücken und Arme gestreckt zu halten.

entwickelt Das *Beinstrecken im Sitzen* erlaubt die Verwendung schwerer Gewichte; die Anwendung von Gewichtsschuhen anstelle des Apparates wäre in diesem Fall zu umständlich.

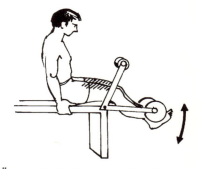

Übung 11: Beinstrecken im Sitzen

Die *Unterschenkelbeuge* zur Kräftigung der Muskeln an der Rückseite der Oberschenkel wird am selben Gerät, auf dem Bauch liegend, ausgeführt.

Übung 10:. Hackenschmidt-Kniebeuge

Um eine Kräftigung der Oberschenkel ohne senkrechte Belastung der Kniegelenke und unter Ausschaltung einer Belastung der Fußgelenke zu ermöglichen, wurden die sogenannten Beinstreckapparate

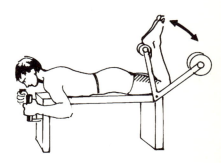

Übung 12: Unterschenkelbeuge

Spezialübungen

Um den Gesäßmuskel einigermaßen gezielt zu trainieren, sind Gewichtsschuhe erforderlich. Die Übung *Beinheben nach hinten* muß ohne Schwung und unter bewußter Anspannung des Gesäßmuskels ausgeführt werden.

Das *Abspreizen der Beine* läßt sich am besten in der Schräglage des Körpers trainieren. Auch hier ist jeder Schwung zu meiden.

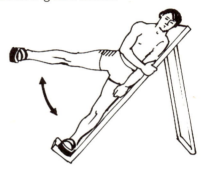

Übung 13: Beinheben nach hinten

Übung 15: Abspreizen in Schräglage

Gewichtsschuhe verwendet man auch zum *Seitsenken der Beine* im Liegen. Die damit trainierten Anzieher (Adduktoren) der Oberschenkel sind beispielsweise beim Reiten und Skilaufen von Bedeutung.

Für die Schienbeinmuskeln, ist eine Spezialübung unter Umständen sinnvoll. Das *Fußheben*, im Sitzen ausgeführt, kräftigt die Schienbeinmuskeln und fördert die Beweglichkeit im Fußgelenk.

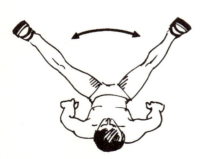

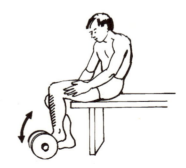

Übung 14: Seitsenken der Seine

Übung 16: Fußheben

Spezialübungen

Die Wirkungsweise der Übung *Ziehen zur Brust* entspricht etwa derjenigen der Grundübung *Klimmzug*. Sie wirkt hauptsächlich auf den Großen Rückenmuskel und den Bizeps.

Der *gestreckte Überzug* trainiert den Großen Rückenmuskel isoliert, ohne dabei andere Muskeln nennenswert zu belasten. Die Arme bewegen sich dabei von der vertikalen in die horizontale Lage und zurück.

Übung 19: Gestreckter Überzug

Übung 17: Ziehen zur Brust

Der *Überzug* kräftigt den großen Rückenmuskel in der Anfangsphase seiner Kontraktion. Auch der Trizeps und der vordere Teil des Deltamuskels werden von dieser Übung erfaßt.

Das *Rudern mit einem Arm* kräftigt den Großen Rückenmuskel in der Schlußphase seiner Kontraktion. Die freie Hand stützt dabei den Oberkörper ab.

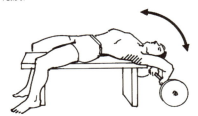

Übung 18: Überzug

Übung 20: Rudern mit einem Arm

Spezialübungen

Eine schwierige Variante des Klimmzugs stellt der *Klimmzug mit Parallelgriff* dar. Der große Rückenmuskel leistet hier fast die ganze Arbeit. Während der Übung sollten sich die Ellbogen seitlich befinden.

Das *Rudern in Bauchlage* betrifft neben dem Großen Rückenmuskel vor allem den Kleinen und Großen Rundmuskel sowie den mittleren Teil des Trapezmuskels.

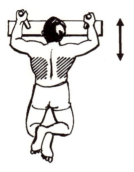

Übung 21: Klimmzug mit Parallelgriff

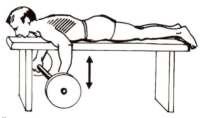

Übung 23: Rudern in Bauchlage

Der obere Teil des Trapezmuskels wird mit dem *Schulterheben* trainiert. Die Arme bleiben gestreckt.

Derselbe Effekt wird durch *Ziehen zum Nacken* an einem Zugapparat erzielt. Dazu braucht man einen Griffbügel, der etwa 63 cm breit ist und Parallelstellung der Hände zuläßt.

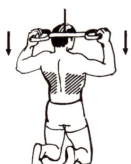

Abb 22: Ziehen zum Nacken

Übung 24: Schulterheben

Spezialübungen

Das *Bankdrücken*, die vielleicht beliebteste Übung des Krafttrainings, erstreckt seine Wirkung auf die Brustmuskeln, den vorderen Teil des Deltamuskels und den Trizeps. Für das Bankdrücken gibt es Spezialbänke, die am Kopfende eine Halterung für die Hantel aufweisen.

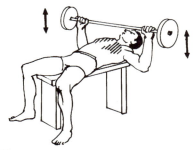

Übung 25: Bankdrücken

Das *Seitsenken* trainiert den Brustmuskel unter weitgehender Ausschaltung anderer Muskeln.

Beim *Schrägbankdrücken* wird vorwiegend der obere Teil der Brustmuskeln trainiert.

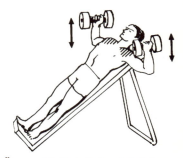

Übung 27: Schrägbankdrücken

Der breite Barrenstütz ist die schwierigste, jedoch wirksamste Brustmuskelübung. Die Barrenholme sollten einen Abstand von etwa 84 cm aufweisen. Den Rücken gekrümmt halten!

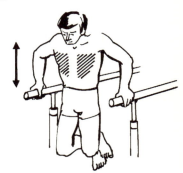

Übung 28: Breiter Barrenstütz

Übung 26: Seitsenken

Spezialübungen

Wenn die Kraft für das Training am Barren noch nicht ausreicht, kann mit Übung 26. *Seitsenken* oder dem *Drücken in umgekehrter Schräglage* ein ähnlicher Effekt erzielt werden.

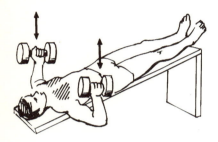

Übung 29: Drücken in umgekehrter Schräglage

Für den *beidarmigen Seilzug* braucht man zwei Zugapparate. Die Übung entwickelt die Kraft der Brustmuskeln in der Endphase ihrer Kontraktion. Die Arme bleiben während der ganzen Übung in unveränderter, leicht angewinkelter Stellung. Der beidarmige Seilzug ist eine Übung, die größtmögliche Isolation der Brustmuskeltätigkeit im Training gewährleistet.

Der seitliche Teil des Deltamuskels wird mit dem *Aufwärtsrudern* gekräftigt. Auch der obere Teil des Trapezmuskels erhält dabei kräftige Trainingsreize. Die Hantelstange muß stets bis unter das Kinn hochgezogen werden.

Übung 31: Aufwärtsrudern

Das *Drücken hinter dem Kopf* entwickelt den seitlichen Teil der Schultermuskeln. Dabei ist besonders auf saubere Ausführung zu achten. Die Hantel darf zwischen den einzelnen Wiederholungen nicht im Nacken abgesetzt werden.

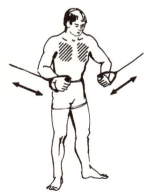

Übung 30: Beidarmiger Seilzug

Spezialübungen

Übung 32: Drücken hinter dem Kopf

Mit dem *Seitheben* wird der seitliche Deltamuskel vollständig isoliert trainiert. Die Hanteln werden mit nicht ganz gestreckten Armen bis auf Ohrenhöhe angehoben. Die Hauptbelastung erfolgt hier in der Schlußphase der Kontraktion.

Übung 33: Seitheben

Eine Verlagerung des Belastungsbereichs wird durch die Veränderung der Körperlage erreicht. Das *Seitheben in Schräglage* belastet den Deltamuskel schon zu Beginn seiner Kontraktion.

Übung 34: Seitheben in Schräglage

Beim *Seitheben in Bauchlage* können nur relativ leichte Hanteln verwendet werden. Diese Übung zielt auf den hinteren Teil des Deltamuskels.

Übung 35: Seitheben in Bauchlage

Spezialübungen

Der vordere Teil des Deltamuskels wird mit dem *Vorwärtsheben* entwickelt. Um eine übermäßige Belastung der Wirbelsäule zu vermeiden, werden die Bewegungen alternierend ausgeführt.

Übung 37: Armbeuge in Schräglage

Der Kraftentwicklung in der Kontraktionsphase dient die *Konzentrationsarmbeuge*.

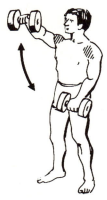

Übung 36: Vorwärtsheben

Die Muskeln der Arme werden bei fast allen Oberkörperübungen in hohem Maße beansprucht. Zu ihrem gesonderten Training sind deshalb nur wenige zusätzliche Übungen notwendig.

Die *Armbeuge in Schräglage* entwickelt die Kraft des Bizeps in der Anfangsphase seiner Kontraktion.

Übung 38: Konzentrationsarmbeuge

Der *Seilzug mit Parallelgriff* ist die perfekte Trizepsübung. Durch die Endschlaufe des Zugapparates wird anstelle des üblichen Bügels ein dickes Seil durchgezogen. Die Seilenden nimmt man fest in beide Hände. Die Hände im Nacken aneinandergelegt, begibt man sich in die abgebildete Ausgangsstellung. Der

Spezialübungen

Gewichtsschlitten muß sich dabei schon etwas abgehoben haben. Nun werden beide Arme im Ellbogengelenk gestreckt.

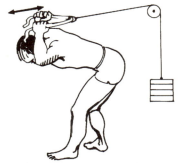

Übung 39: Seilzug im Parallelgriff

Ebenfalls am Zugapparat kann das *Drücken nach unten* ausgeführt werden. Dabei muß der Oberarm ruhiggehalten werden.

Das *Armstrecken im Liegen* hat drei Varianten. Die erste entspricht der Übung 41. Der Oberarm wird dabei senkrecht gehalten. Damit wird eine Kräftigung im mittleren Winkelbereich des Ellbogengelenks erzielt.

Die zweite Variante sieht eine Schrägstellung der Oberarme in Richtung der Füße vor, womit die Hauptbelastung der Muskeln in die Anfangsphase der Kontraktion verlagert wird.

Die Schrägstellung der Oberarme in Kopfrichtung als dritte Variante belastet die Schlußphase der Kontraktion des Trizeps.

Übung 41: Armstrecken im Liegen

Beim *Armstrecken hinter dem Kopf* darf in der Dehnungsphase unter gar keinen Umständen abgefedert werden, da dies zu Schädigungen des Ellbogengelenks führen kann.

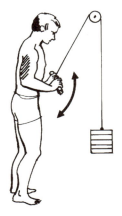

Übung 40: Drücken nach unten

Spezialübungen

ausgeführt werden. Die geraden Bauchmuskeln hingegen werden besonders bei den Eigengewichtsübungen (Klimmzug, Barrenstütz) ständig trainiert.

Übung 42: Armstrecken hinter dem Kopf

Die *Handgelenkbeuge im Übergriff* ist die einzige notwendige Ergänzungsübung für den Unterarm. Sie hat für Tennisspieler Bedeutung.

Übung 44: Seitbeuge

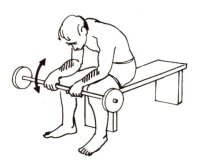

Ein gezieltes Training ist mit dem *Aufrollen* möglich. Dazu legt man sich auf den Rücken, die Beine im Schneidersitz. Nun versucht man den Oberkörper aufzurollen, ohne daß sich das Kreuz vom Boden abhebt. Lediglich die Schulterblätter und der obere Rücken werden abgehoben. Die geraden Bauchmuskeln haben eine Kontraktionsstrecke von nur einigen Zentimetern.

Übung 43: Handgelenkbeuge im Übergriff

Die *Seitbeuge* zur Entwicklung der schrägen Bauchmuskeln muß mit einer schweren Kurzhantel langsam

Spezialübungen

Übung 45: Aufrollen

Der Hüftlendenmuskel, ein von außen nicht sichtbarer Muskel, der von den Oberschenkeln durch den Körper quer durch den Bauch hindurch zur Wirbelsäule (im Lendenbereich) verläuft, wird mit dem *Aufsitzen* trainiert.

Eine ähnliche Wirkung hat das *Beinheben nach vorne*. Die geraden Bauchmuskeln werden dabei etwas weniger belastet als beim Aufsitzen.

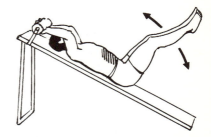

Übung 47: Beinheben nach vorne

Wichtig ist bei den beiden letzten Übungen, daß Sie sich auch tatsächlich an die von den Pfeilen angegebene Bewegungsamplitude halten und beim »Aufsitzen« auf keinen Fall die Beine strecken, da Sie sonst Ihre Wirbelsäule einer unnötig hohen Belastung aussetzen würden.

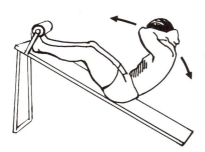

Übung 46: Aufsitzen

Methoden zur Intensivierung des Trainings

Das Vorermüdungs-Prinzip

Die meisten Kräftigungsübungen belasten mehrere Muskeln gleichzeitig, jedoch in unterschiedlichem Ausmaß. Bei der *Kniebeuge* (Übung 1) beispielsweise leistet nicht der Oberschenkelmuskel (Quadrizeps) die Hauptarbeit, sondern der Große Gesäßmuskel und der Untere Rückenmuskel. Die Ermüdung des Unteren Rückenmuskels zwingt schließlich zum vorzeitigen Abbruch einer Serie, noch lange bevor der Quadrizeps seine ganzen Reserven erschöpft hat.

Ähnliches geschieht beim *Klimmzug* (Übung 5), wobei hier die Bizepsmuskeln durch ihre vorzeitige Ermüdung ein weiteres Training des Großen Rückenmuskels, des Latissimus dorsi, verhindern.

Nun gibt es zur gezielten Kräftigung dieser schwer zugänglichen Muskelgruppen Spezialübungen. Für die Muskeln des Oberschenkels ist es das *Beinstrecken* (Übung 11), für den Großen Rückenmuskel die Überzüge mit gestreckten Armen (Übung 19). Die ausschließliche Anwendung dieser isoliert wirkenden Übungen brächte aber nicht die besten Resultate, weil Muskeln ihre volle Kraft erst im Verbund mit anderen entfalten können. Das Problem kann mit Hilfe des Vorermüdungs-Prinzips gelöst werden. Indem man die Übung *Beinstrecken* bis zur momentanen Erschöpfung des Unterschenkelstreckers ausführt und dann ohne jede Pause zu den *Kniebeugen* überwechselt und diese ebenfalls bis zur Erschöpfung wiederholt, trifft man den Quadrizeps in einer nachhaltigeren Weise, als dies mit jeder anderen Übung oder Übungskombination möglich ist.

Eine Serie von *gestreckten Überzügen* (Übung 19) unmittelbar vor einer Serie von *Klimmzügen* (Übung 5) schafft den gleichen Effekt für den Großen Rückenmuskel (Latissimus dorsi). Für einige Sekunden herrscht nach den *Überzügen* eine Situation, die in gewisser Weise unnatürlich anmutet: Die Bizepsmuskeln sind, weil noch frisch, stärker als der Große Rückenmuskel. Das starke Glied der Muskelkette wurde zum schwachen und umgekehrt. Dieses Prinzip ist für alle Muskeln anwendbar.

Die Negativ-Methode

Seit langem wissen die Physiologen, daß die Kraft der Muskeln während ihrer Dehnung erheblich über jener während der Kontraktion liegt. Tatsächlich können mit einer Maximallast, die nur eine Wiederholung zuläßt, ohne weiteres acht bis zehn negative Wiederholungen ausgeführt werden. Für den Muskel bedeutet dies längere Spannungsdauer und größere Spannungshöhe, also ideale Bedingungen für einen raschen Kraft-Muskel-Zuwachs. Noch ein weiterer, nicht unerheblicher Vorteil kommt hinzu: Der Energieverlust, ein limitierender Faktor beim Kraftzuwachs, beträgt beim negativen Training kaum 16 Prozent desjenigen bei einem normalen Krafttraining.

Obwohl an der Effizienz der Methode aufgrund der erzielten Resultate kein Zweifel mehr möglich ist, bietet ihre praktische Anwendung doch erhebliche Schwierigkeiten. Es müssen beispielsweise immer zwei oder – besser noch – vier Trainingshelfer zugegen sein, die dem Athleten die positive Arbeit abnehmen, also das Gewicht wieder in die Ausgangslage zurückbringen. Einige Übungen können ohne Fremdhilfe ausgeführt werden: Beim *Klimmzug* (Übung 5) und *Barrenstütz* (Übung 6) kann der Trainierende seinen Körper mittels einer kleinen Leiter selbst wieder in die Ausgangslage bringen. Bei einarmig ausgeführten Kurzhantelübungen für die Armmuskeln kann der freie Arm bei der positiven Arbeit mithelfen, wodurch diese für den zu trainierenden Arm um wenigstens 50 Prozent reduziert werden kann.

Ernährung, Nahrungszusätze und Medikamente

Der Stellenwert der *Ernährung* bei der Erhöhung der körperlichen Leistungsfähigkeit wurde zu allen Zeiten zu hoch angesetzt. So hat denn auch jede noch so absonderliche Theorie ihre Anhänger gefunden. Von der streng vegetarischen bis zur reinen Fleischdiät haben sich Sportler Erfolge versprochen und teilweise auch erzielt. Bei allen Ernährungsfragen spielen freilich autosuggestive Mechanismen eine Rolle, die nicht unterschätzt werden dürfen. Indessen – es besteht eine Korrelation zwischen Ernährung und Leistungssteigerung. Besonders in bezug auf den Zusammenhang von Eiweißverbrauch und Kraftzuwachs herrscht unter den Ernährungsphysiologen heute einigermaßen Übereinstimmung.

Eiweiß (Protein) ist der eigentliche Träger des Lebens. Es dient dem Aufbau und der Regeneration von Körpergewebe. Das Protoplasma lebender Zellen ist eine Eiweißlösung, der Zellkern eine Verbindung von Nukleinsäuren mit Eiweiß, ein sogenanntes Nukleoproteid. Muskeleiweiß wird in einem Zeitraum von etwa 300 Tagen vollständig erneuert, wobei die Erneuerungsgeschwindigkeit mit zunehmendem Alter geringer wird.

Obwohl Eiweiß in erster Linie zum Aufbau bzw. Wiederaufbau verwendet wird, kann es auch als Energielieferant, als »Brennstoff« genutzt werden. Dieser Fall tritt dann ein, wenn dem Körper nicht ausreichend Kohlehydrate und Fette zur Verfügung stehen. Um einen Kraftzuwachs mittels Trainings zu erreichen, muß die täglich zugeführte Nahrung einen gewissen Eiweißüberschuß aufweisen. Die optimale Zufuhr liegt bei einer täglichen Eiweißmenge von 1,0 bis 1,5 Gramm pro Kilogramm Körpergewicht. Um diese Werte zu erreichen, ist es nicht unbedingt erforderlich, spezielle Eiweißpräparate zu sich zu nehmen. Meist genügt eine qualitative Umstellung der täglichen Eßgewohnheiten. Indem man das hierzulande übliche Frühstück aus Kaffee, Brötchen und Konfitüre durch eine etwas handfestere Mahlzeit aus Eiern, Fleisch und Milch-

Ernährung

produkten ersetzt, führt man dem Körper ausreichend Eiweiß zu. Wo dies, aus welchen Gründen auch immer, nicht oder nur zeitweise möglich ist, können Eiweißpräparate durchaus ihren Sinn haben. Bei deren Dosierung sollte man sich jedoch nicht an die aufgedruckte Gebrauchsanweisung halten, die bei allen diesen Produkten sinngemäß lautet: »... täglich dreimal einen Eßlöffel«, sondern man sollte sinnvollerweise den Eiweißkonsum des vergangenen Tages anhand einer Nahrungsmitteltabelle überprüfen. Ist das Optimum erreicht, muß man nichts mehr zu sich nehmen. Fehlt etwas, wird die entsprechende Menge mit Hilfe des Eiweißpräparates optimal ergänzt.

Die Ernährungstendenz beim Krafttraining entspricht genau den Forderungen einer wirksamen *Schlankheitsdiät*. Der Kohlehydratanteil (vor allem der einfacher Kohlehydrate) der Nahrung wird zugunsten des Eiweißanteils reduziert. Bei starkem Fettansatz sollte der Kohlehydratanteil noch drastischer reduziert werden, so lange, bis die unerwünschten Fettpolster verschwunden sind. Über kohlehydratarme Diätformen liegt z. Z. ausreichend Literatur vor, so daß hier nicht weiter auf diesen speziellen Problemkreis eingegangen werden muß. Etwas sei aber noch angefügt: Nach Erfahrung des Autors anhand von Hunderten von Fällen ist die kohlehydratarme, eiweißorientierte Diät die einzige Schlankheitsdiät, die zu raschen und dauerhaften Erfolgen führt, ohne den Körper zu schwächen. In strikter Form sollte sie jedoch allenfalls zwei bis vier Wochen durchgeführt, danach lediglich tendentiell beibehalten werden. Vitaminpillen, Eisen- und Lezithinpräparate wirken nur dann leistungssteigernd, wenn zuvor ein Mangel an diesen Stoffen bestand – ein Zustand, unter dem heute, dank des vielfältigen Nahrungsangebots, wohl kaum noch jemand leiden dürfte. Frauen sind allerdings aufgrund ihrer Menstruation chronisch gefährdet, in einen Eisenmangelzustand zu geraten.

Der Aberglaube des 20. Jahrhunderts scheint sich vorzugsweise in den Produkten der pharmazeutischen Industrie zu materialisieren. Bei keinem der eben erwähnten Produkte konnte bisher ein leistungssteigernder Effekt nachgewiesen werden, jedenfalls nicht unter objektiven Versuchsbedingungen. (Solche liegen dann vor, wenn eine Überprüfung mittels *doppelter Blindversuche* vorgenommen wurde. Bei doppelten Blindversuchen [vgl. Kapitel »Flankierende Maßnahmen«] weiß weder der unmittelbare »Betreuer« noch die Versuchsperson, ob es sich bei dem verabreichten Mittel nun um das »richtige« Mittel oder um

Ernährung

eine Nachbildung ohne die zu überprüfende Wirksubstanz handelt.) Die Einhaltung einer völlig »normalen« Kost mit einer leichten Akzentuierung der Eiweißaufnahme zu Lasten des Kohlehydratkonsums – dies ist alles, was bei der Ernährung im Zusammenhang mit dem Krafttraining zu beachten ist.

Während übermäßiger Konsum von Vitaminpillen und Proteinen lediglich der Brieftasche des Konsumenten abträglich ist, sonst scheinbar keine weiteren Folgen zeitigt, kann dies von den in Sportkreisen derzeit beliebtesten Drogen, den *Anabolika*, nicht gesagt werden.

Männliche Sexualhormone werden von unserem Körper, ob Mann oder Frau, selbst produziert und spielen eine zentrale Rolle beim Muskelaufbau. Vor einigen Jahren gelang es der Forschung, das männliche Sexualhormon Testosteron künstlich herzustellen. Diese Entwicklung ergab sich aus Erfordernissen bei der Behandlung gewisser Krankheiten.

Da unser Körper auf die äußere Zufuhr dieses Hormons normalerweise nicht angewiesen ist, stellt er, falls eine solche trotzdem und über einen längeren Zeitraum hinweg erfolgt, die eigene Produktion ein, womit die Abhängigkeit von der Pille perfekt ist. Bestenfalls kann durch Anabolika die Kraftgrenze schneller erreicht werden. *Erwiesen* sind jedoch schädliche Nebeneffekte auf Leber und Nieren!

Angesichts der sich jagenden Weltrekorde der letzten Jahre wird in der Sensationspresse den Anabolika oft ursächliche Bedeutung zuerkannt. Es gibt jedoch einleuchtendere Gründe für die sich stets verbessernden Rekorde. Ein bedeutender liegt in den *Fortschritten der Technologie*. Allein für Skiwachsforschung, um ein Beispiel zu nennen, werden Millionenbeträge eingesetzt. Bekleidungsstücke für Skifahrer werden im Windkanal getestet, Katapultsohlen für die Springer entwickelt, Weltrekordhanteln aus Stählen mit ausnutzbaren Schwingungseigenschaften legiert. Die Liste ließe sich beliebig erweitern. Auch die Technik der Athleten hat sich durch den Einsatz von Videogeräten erheblich verbessern lassen.

Einen in diesem Zusammenhang interessanten Aspekt bietet die Leistungsentwicklung im Gewichtheben. Diese ursprünglich aus drei Disziplinen – Reißen, Stoßen und Drücken bestehende Sportart zeigte in den letzten 30 Jahren eine dauernde Weiterentwicklung, insbesondere beim Drücken. Gemäß den Wettkampfregeln handelt es sich beim Drücken um eine reine Kraftübung. Durch die von Jahr zu Jahr

Ernährung

großzügigere Handhabung der Regeln durch die Kampfrichter näherte sich der »Drückstil« immer mehr dem Stoßen an, bei welchem dank »Technik« die höchsten Lasten zur Hochstrecke gebracht werden. So konnten denn auch immer neue Rekorde im Drücken gemeldet werden. Die Sache gedieh schließlich so weit, daß zwischen Drücken und Stoßen nur mehr ein verbaler Unterschied übrigblieb, woraufhin das Drücken abgeschafft wurde.

Letztlich erklärt noch eine weitere Tatsache den Leistungsfortschritt im Sport. Die Zahl der aktiven Sportler nimmt von Jahr zu Jahr zu. Damit steigt die Wahrscheinlichkeit, daß mehr Talente zu jener Sportart finden, zu der sie die beste physische und psychische Eignung mitbringen.

Flankierende Maßnahmen

Obwohl wir wenig Einfluß auf die Wiederherstellungsvorgänge des Körpers nehmen können, existieren doch einige Maßnahmen, die der Erholung nach dem Training förderlich sind. In Betracht kommen:

- die Dusche unmittelbar nach dem Training
- Massage
- Höhensonnenbestrahlung

Die Dusche dient in erster Linie hygienischen Zwecken. Sie entfernt Schweißrückstände auf der Haut und normalisiert die Körpertemperatur. Dabei sollte das Wasser weder zu warm noch zu kalt sein. Ideal ist eine Temperatur von etwa 35 °C. Soll die Dusche erfrischen, muß sie von kurzer Dauer sein.

Schwitzen in der *Sauna* ist nicht jedermanns Sache. Dem einen bringt es Ruhe und Entspannung, den anderen macht es nervös. Im ersten Fall ist der Saunabesuch sinnvoll, im zweiten ist davon Abstand zu nehmen. Man soll dann auch nicht versuchen, sich daran zu gewöhnen. Wer glaubt, mit Hilfe der Sauna abnehmen zu können, befindet sich im Irrtum. Den Wasser- und Salzverlust sollte man nach der Sauna wieder ausgleichen, zum Beispiel mit einer Suppe. Auch soll man nicht an Tagen in die Sauna gehen, an denen man trainiert, da man sich dadurch der als Reiz zur Muskelbildung wirksamen Stoffwechselprodukte entledigt, die durch das Training gebildet wurden.

Auch bei den Auswirkungen der *Massage* ist es nicht leicht, psychische und physische Ursachen auseinanderzuhalten. In der Massage werden Ermüdungsstoffe aus den Muskeln geknetet und in die venöse Blutbahn überführt. Dies ist nur mit den Händen, nicht aber mit Vibrations-Geräten zu bewerkstelligen. Verkrampfte Muskeln haben oft seelische Ursachen: Sie sind das Resultat unbewußter Ängste, die mit Schütteln und Lockern nicht aus der Welt zu schaffen sind.

Besondere Bedeutung für den Kraft-Muskel-Zuwachs hat ultraviolettes Licht. Durch regelmäßige *Höhensonnenbestrahlung* wird die im Winter verringerte Trainierbarkeit der Muskeln auf das Niveau des Sommers angehoben. Die Höhensonnenbestrahlung ist von den geschilderten Maßnahmen die einzige, deren leistungssteigernde Wirkung objektiv (in einem doppelten Blindversuch) nachgewiesen werden konnte.

Lebensführung

Trainingsanweisungen älteren Datums widmen dem Bereich der Lebensführung eine eigenartige Aufmerksamkeit. Während es zu den Themen Nikotin- und Alkoholgenuß auch heute kaum Positives auszusagen gibt, scheinen es die Gründer des Sports eher auf ein drittes – vermeintliches – Laster abgesehen zu haben: die Sexualität. Dies hört sich in der »Deutschen Turnkunst« von Friedrich Ludwig Jahn (1778-1852) so an:

»Das Vergeuden der Jugendkraft und Jugendzeit durch entmarkenden Zeitvertreib, faultierisches Hindämmern, brünstige Lüste und hundswütige Ausschweifungen werden aufhören – sobald die Jugend das Urbild männlicher Lebensfülle erkennt!«

Jahn sei verziehen. Zu seiner Zeit gab es noch keine wissenschaftliche Psychologie, und auch die medizinischen Publikationen von damals sind befrachtet mit moralischem Ballast christlich-abendländischer Denkart. Daß jedoch »moderne« Trainer dem Aberglauben von der Schädlichkeit der Sexualität weiter huldigen, stimmt nachdenklich.

Bestünde eine Alternative zwischen Sexualgenuß und Sportverzicht einerseits, Sportausübung und Sexualverzicht andererseits – man müßte dem Sex zweifellos den Vorzug geben. Die Alternative existiert aber nicht. Die Sexualität gehört zum Leben, ist untrennbar mit diesem verbunden. Wird sie unterdrückt, steigert dies nicht etwa die körperliche Leistungsfähigkeit, sondern reduziert sie. Um es noch deutlicher zu sagen: Sexuelle Betätigung – sei es Geschlechtsverkehr oder Selbstbefriedigung – ist gesund.

Trainingsgelegenheiten

Es gibt Sportvereine, die über eine sogenannte *Folterkammer* verfügen. Insbesondere Ruderclubs und Leichtathletikvereine betreiben Krafttraining. Es liegt allerdings in der Natur solcher Vereine, daß sie Gleichgesinnte, also Leute, die die Sportart des Vereins ausüben, jenen vorziehen, die nur die Gewichte stemmen wollen. Auch die Kraft-

Flankierende Maßnahmen

räume an den Hochschulen sind nicht jedermann zugänglich.

Will man das Krafttraining in der größtmöglichen Unabhängigkeit betreiben, verbleibt folgende Alternative: die Einrichtung eines eigenen Heimstudios oder die Anmeldung in einem kommerziellen Sportstudio.

- Ein *eigener Trainingsraum* hat zweifellos Vorteile: freie Wahl der Trainingszeit, Ungestörtheit des Trainings, keine »Anfahrtszeiten« und so weiter. Die Nachteile des Heimtrainings sind nicht so offenkundig, deswegen aber nicht weniger wirksam. Der Mensch ist ein soziales Wesen und als solches auf die ständige Bestätigung und Anerkennung durch andere angewiesen. Wer einmal eine »produktive« Trainingsstimmung und ihren Einfluß auf die eigene Motivation erfahren hat, wird diesem Punkt größte Beachtung schenken.

- Beim Heimtraining fehlt die motivierende Stimmung, die ein gutes *Sportstudio* seinem Besucher bieten kann: eine Umgebung, die ihn in seinen Anstrengungen bestätigt und motiviert. Auch das Vorhandensein eines Trainers ist, besonders für den Anfänger, von Nutzen: Der Trainer führt ihn ins Training ein, überwacht, korrigiert und kontrolliert.

Aufgaben des Trainers/Instruktors

Der Engpaß vieler Sportstudios liegt im Personalbereich: Es mangelt an qualifizierten Instruktoren. Es wäre an der Zeit, das Berufsbild eines Instruktors für Krafttrainingsbetriebe zu entwickeln. Seine Kenntnisse und Fähigkeiten entscheiden letztlich über Erfolg und Mißerfolg der Trainingsteilnehmer sowie des Betriebes, in dem er tätig ist.

Worin bestehen die Hauptaufgaben des Krafttrainers im Betrieb?
1. Das »Probetraining« mit Interessenten durchzuführen
2. Die eigentliche Instruktion der neuen Trainingsteilnehmer, d. h. die Einführung in das Programm
3. Die Überwachung der Trainingsqualität der bereits Eingeführten, die nun selbständig trainieren

Beim Probetraining geht es darum, den Interessenten für das Krafttraining zu gewinnen, ihm den Nutzen, den dieses zu bieten hat, überzeugend darzustellen. Der Trainer muß sich darüber im klaren sein, daß jeder »Neue« eine gewisse »Schwellenangst« überwinden muß, bevor er ins Studio kommt. Es ist daher fehl am Platze, vorhandene Schwächegefühle des Interessenten zu verstär-

Aufgaben des Trainers

ken und ihn damit zu entmutigen. Die Argumentation sollte immer in die Richtung gehen, daß jedermann stärker werden und besser aussehen kann. Überhaupt soll alles vermieden werden, was an Prüfungssituationen erinnert.

Der Instruktor hat Vermittlerfunktion: Er vermittelt dem Trainierenden das korrekte Krafttraining in einer Weise, die motivierend wirkt. Dies erfordert ein Minimum an Einfühlungsvermögen und Menschenkenntnis.

Die sachgemäße Einführung ins Trainingsprogramm erfordert stets Zeit. Hier zu sparen wäre jedoch unsinnig. Diese Investition macht sich nämlich in zweifacher Hinsicht bezahlt: Der Anfänger erzielt rasch sichtbare Resultate und benötigt später weniger Korrekturen und »Nachinstruktion«.

Die Einführung in das Trainingsprogramm hat konsequent und einheitlich zu erfolgen. Sobald die individuelle Belastbarkeit ermittelt worden ist, wird mindestens vier Wochen ohne Änderung des Programms trainiert. Nur auf diese Weise sind Fortschritte objektiv feststellbar.

Größten Wert muß der Trainer der sauberen Ausführung der Übungen beimessen. Es ist mühsam, einmal eingeübte falsche Bewegungsmuster zu korrigieren. Die Überwachung der Trainingsqualität ist eine Daueraufgabe. Auch »alte Hasen« neigen dazu, zugunsten der Erhöhung des Übungsgewichts den Übungsstil mehr oder weniger zu vernachlässigen, Übungen abzufälschen und weniger beschwerliche Übungen den unangenehmeren oder produktiveren Übungen vorzuziehen. Hier müßte der Krafttrainer als personifiziertes Gewissen wirken: Schon seine Anwesenheit allein sollte bewirken, daß die Leute korrekt trainieren.

Der Ehrgeiz des qualifizierten Trainers geht dahin, aus jedem Schüler einen Musterschüler zu machen, eine lebende Referenz seiner Arbeit. Der Trainer, der sich nicht von Herzen darüber freuen kann, wenn sein Schüler über ihn hinauswächst – hat den falschen Beruf gewählt.

Schlußwort

Korrektes Krafttraining soll und kann die physischen Daseinsbedingungen des Menschen verbessern. Es leistet damit einen erheblichen Beitrag zur Lebensqualität.

Es ist durchaus möglich, daß in späteren Zeiten einmal jeglicher »Sport« als Narretei des 20. Jahrhunderts belächelt wird. Denn die Frage, ob Sport – insbesondere *Spitzensport* – überhaupt gesund ist, kann angesichts der heutigen Entwicklung ohne jede Ironie gestellt werden.

Von den Befürwortern des Spitzensports wird gern das Argument der *Vorbildfunktion* ins Feld geführt. Vorbild wofür? Bedeutet Spitzensport letztlich nicht eine abermals verschärfte Spezialisierung von einigen, die ohnehin schon durch ihre Veranlagung entsprechend spezialisiert sind?

Die wertmäßige Orientierung am Spitzensport veranlaßt junge Leute dazu, Sportarten zu betreiben, in denen ihnen »Erfolge« winken, und nicht jene, die ihre veranlagungsbedingten Schwächen kompensieren. Wir alle täten besser daran, hier umgekehrt vorzugehen.

Sicherlich: Neue Rekorde würden auf diese Weise nicht erzielt werden. Unser Körper jedoch, das bei so vielen vernachlässigte »Vehikel«, würde seine optimale Funktionalität erlangen. Es wäre bedauerlich, wenn das Krafttraining weiterhin lediglich der Erreichung letztlich irrationaler Ziele in Hochleistungssport und »Bodybuilding« dienen würde. Dem Krafttraining den ihm angemessenen Platz als Hygienemaßnahme im körperlichen Selbstverständnis des Lesers zu erobern – das ist die Aufgabe dieses Buches.

Literatur

ASMUSSEN, E.: »The relation between isometric and dynamic muscle strength in man«, Communications from the testing and observation institute, No. 20,1965

ASTRAND, K.-P.: »Sportphysiologie«, Medizinisches Prisma, 6/1964

BIRGER, L. J.: »Eccentric vs concentric muscle training for strength development«, Medicine and Science in Sport, 2/1972

CARL, G.: »Kraftübungen mit Geräten«, Sportverlag Berlin, 1975

CARPENTER, D., GRAVES, J., Pollock, M.: »Effect of 12 and 20 weeks of Resistance training on lumbar extension torque production«, Physio-Theraphy 1991, 71, 580-588

DARDEN, E., »The Nautilus Book«, Contemporary Books, Inc., Chicago 1985

DEBUIGNE, G.: »Musculation par le culturisme«, Paris, 1968

DEMEILLES, L.: »Entrainement athlétique«, Editions Amphora, Paris,

DONATH, R., SCHÜLER, K. P.: «Ernährung der Sportler«, Sportverlag Berlin, 1972

DUBS-BUCHSER, R.: »Sportmedizin für jedermann«, Verlag Jean Frey, Zürich, 1953

FEDLER, W., CARL, G.: »Muskelkraft und Körperformung«, Sportverlag Berlin, 1968

FELDENKRAIS, M.: »Der aufrechte Gang«, Insel Verlag, Frankfurt, 1968

FIATARONE, M.: »High-Intensity Strength Training in Nonagenarians«, Jama 1990, Vol. 263, No. 22

FRANKE, F.: »Die Kraftkurve menschlicher Muskeln bei willkürlicher Innervation und die Frage der absoluten Muskelkraft«, Pflügers Arch. ges. Physiol. 184,1920, S. 300

FREY, U.: »Sportmedizin und Leibesübungen«, Verlag Paul Haupt, Bern/ Stuttgart, 1959

FULLER, F.: »A Treatise Concerning the Power of Exercise«, London 1711

HERSBERGER, W.: »Modernes Gewichtheben«, Athletik Verlag, Karlsruhe

HERZ, M., »Lehrbuch der Heilgymnastik«, Berlin 1903

HOCHMUTH, G.: »Biomechanik sportlicher Bewegungen«, Sportverlag Berlin, 1971

HOCHREIN, M., SCHLEICHER, I.: »Leistungssteigerung«, Georg Thieme Verlag, Stuttgart, 1953

JONES, A.: »Nautilus Training Principles«, Bulletin No. 1/2, DeLand (Florida), 1971/72

JONES, A.: »The Lumbar Spine, the Cerval Spine and the Knee. Testing and Rehabilitation«, 1993 Med-X-Corporation, Ocala, Florida

Omni-Directional Exercise System«, Iron Man, Vol. 29, No. 6, Alliance (Nebraska), 1970

KIESER, G.: »Postoperatives Krafttraining als Rehabilitationsmaßnahme gezeigt am Beispiel des Vorderen Kreuzbands vom Kniegelenk«, Dissertation, Universität Zürich, 1988

KIESER, W.: »Fitness, Ausdruck der Persönlichkeit, Monatszeitschrift des Gottlieb-Duttweiler-Instituts, Oktober 1971

KIESER, W.: »Probleme des Krafttrainings«, Neue Zürcher Zeitung, Nr. 435, September 1973

KIESER, W.: »Vom Krafttraining zur Krafttherapie«, Neue Zürcher Zeitung 79, April 1990

KLEIN, K. K.: »Strength maintenance following progressive exercise«, Intern. Kolloquium, Darmstadt, 1968

KÖHLER, M., SCHOOP, W.: »Metabolische und hämodynamische Trainingseffekte bei normaler und gestörter Muskeldurchblutung«,Verlag Hans Huber, Bern, 1973

KRECK, H. C.: »Die Medico-Mechanische Therapie Gustav Zanders in Deutschland«, Universität Frankfurt a. M. 1987

Literatur

KUNZ, H.: »Einfluß verschiedener Belastungen und Bewegungsarten auf die Bewegungsgeschwindigkeit bei Unterarmbeugen«, Jugend und Sport, Juli 1973

KUSZNEZOW, W. W.: »Kraftvorbereitung«, Sportverlag Berlin, 1972

DE LORME, T. L.: »Effects of Progressive Resistance Exercise on Muscle Contraction Time«, Arch. phys. Med. 33,1952, S. 86

DE LORME, T. L.: »Technics of Progressive Resistance Exercise«, Arch. phys. Med. 29, 1948, S. 263

LUKAS, G.: »Die Körperkultur in frühen Epochen«, Sportverlag Berlin 1969

LUKJANOW, M. T., FALAMEJOW, A. I.: »Gewichtheben für Jugendliche«, Verlag Karl Hofmann, Schorndorf, 1972

LUTZ, W.: »Leben ohne Brot«, Selecta Verlag, Planegg, 1973

McMORRIS, R. O.: »A Study of Production and Evaluation of Muscular Hypertrophy«, Arch. phys. Med. 35,1954, S. 420

MOHLER, H.: »Sinn und Unsinn unserer Ernährung«, Verlag Sauerländer, Aarau, 1972

MORPUGO, B.: »Über die Activitäts-Hypertrophie der willkürlichen Muskeln«, Virchows Arch. path. Anat. 150, 1897, S. 522

NÖCKER, J.: »Die biologischen Grundlagen der Leistungssteigerung«, Verlag Karl Hofmann, Schorndorf, 5. Aufl., 1974

POLLOCK, M., GRAVES, J.: »New Approach to low back Evaluation and Training, Cent Fla Physican, July 1989, 624–629

POLLOCK, M., GRAVES, J., CARPENTER, D., FASTER, D., LEGETT, S., FULTON, M.: »Muscle Rehabilitation of the Spine«, Mosby 1993, 263–284

PROKOP, L.: »Erfolg im Sport«, Marathon Edition, Wien 1959

REIJS, J. H. O.: »Über die Veränderung der Kraft während der Bewegung«, Pflügers Arch. ges. Physiol. 191, 1921, S. 234

ROHMERT, W.: »Die Armkräfte des Menschen im Stehen bei verschiedener Körperstellung«, Int. Z. angew. Physiol. 18,1960, S. 175

ROHMERT, W., MÜLLER, E. A.: »Wirkung von Muskelruhelänge und Trainingsart auf Kraftverlauf und Grenzkraft bei isometrischem Training«, Forschungsberichte des Landes Nordrhein-Westfalen, Nr. 1900

ROHMERT, W.: »Muskelarbeit und Muskeltraining«, Intern. Kolloquium, Darmstadt, 1968

ROUET, M.: »Toute la culture physique«, Editions Amphora, Paris, 1973

RÜEGG, C. J.: »Muskelkraft«, Neue Zürcher Zeitung, 23. 2.1972

SCHLEGEL, W. S.: »Konstitution, Instinkt und Erziehung«, Bild der Wissenschaft, 4/1965

SCHWARZ, G.: »Der Einfluß einer zusätzlichen Eiweißernährung auf den Muskel- und Kraftzuwachs während eines dreiwöchigen isometrischen Trainings«, Sportarzt und Sportmedizin, 5/1975

SEYLE, H.: »Stress gehört zum Leben«, Weltgesundheit, Dez. 1974

THORNER, W.: »Biologische Grundlage der Leibeserziehung«, Ferd. Dümmlers Verlag, Bonn, 1959

TITTEL, K.: »Beschreibende und funktionelle Anatomie des Menschen«, VEB Gustav Fischer Verlag, Jena, 1963

UYTVANK, P.: »Der Einfluß dynamischen und statischen Trainings auf die Muskelhypertrophie und die Muskelkraft«, Sportarzt und Sportmedizin, 7/1971

VERCHOSANSKIJ, JU. V.: »Grundlagen des speziellen Krafttrainings im Sport, Theorie und Praxis der Körperkultur«, Beiheft 3/1971

ZINOVIEFF, A. N.: »Heavy-Resistance Exercises«, Brit. J. phys. Med. 14, 1951, S. 129

Register

Abspreizen in Schräglage 74
Adduktoren 64, 74
Anabolika 88 f.
Anwendungsbereich des Dynamic tension-Krafttrainings 9ff.
Armbeuge 67, 71
Armbeuge in Schräglage 80
Armbeuger 64
Armmuskeln 64
Armstrecken hinter dem Kopf 81f.
Armstrecken im Liegen 81
Aufpump-Effekt 36 f.
Aufrollen 82f.
Aufsitzen 83
Aufwärmen 58f.
Aufwärtsrudern 78
Ausbreitungs-Effekt 47f.

Bankdrücken 66, 71, 77
Barrenstütz 67, 70f., 74, 85
Bauchmuskeln 62
Beinheben nach hinten 74
 - nach vorne 83
Beinmuskeln 64
Beinpresse 72f
Beinstrecken im Sitzen 73, 84
Belastung 31
 - Methode 31
Beuge im Handgelenk 67, 71
Bewegungsabläufe 15
 - geschwindigkeit 52
 - schnelligkeit 60f.

 - tempo 52f, 54
Bodybuilder 15
Bodybuilding 14ff.
Brust-Doppelmaschine 79
Brustmuskel 62

Deltamuskel 62, 63
Double Shoulder 80
Drehmoment 39
Drücken 67, 69
 - hinter dem Kopf 78f
 - in umgekehrter Schräglage 78
Drücken nach unten 81
Dusche 90

Einlaufen 58
Eiweiß 86f.
Engramme 13
Erholungsphase 9
Ernährung 86ff.
Expander 32

Fahrrad 33
Fersenheben 67, 69
Fingerbeuger 64
Fingerstrecker 64
Fitneßinstitute 92
Fitneßtraining 15ff., 29ff., 66ff.
Fortschrittskontrolle 47
Frau, im Krafttraining 24 ff.
Frühturnen 59ff.
Fußheben 74

Register

Geräte 13, 29 ff.
Gesäßmuskel 45, 47, 63, 65
Gewichtsabnahme 23f.
- höhe 53f.
- schuhe 73, 74
- zunahme 23f.
Grundprogramm 66ff.

Hackenschmidt-Kniebeuge 73
Halbsehnenmuskel 65
Handbeuger 64
Handgelenkbeuge im Übergriff 82
Handstrecker 64
Heimtraining 92
Höhensonnenbestrahlung 90

Instruktionen 92ff.
Instruktor 92ff.
Intensität des Trainings 39f.
Intensivierung des Trainings 84
Isokinetics 34
IsometrischesTraining 29

Jones, Arthur 32f., 45

Klimmzug 32, 67, 70, 71f., 84f.
- mit Parallelgriff 76
Kniebeuge 67f., 84
Kohlehydrate 87
kombinierte Methode 71 f.
Konzentrationsarmbeuge 80
Koordination, intramuskuläre 13f.
Körpergewicht 23f.
Kraft 11, 28
Kraftkurve 45ff.
Kraftmaschinen 29ff.
Kreislauf 15ff., 36
Kreuzheben 67f.

Lebensführung 91
Leistungskontrolle 60
Leistungsphase 59
Leistungssport 14 ff., 28

Massage 90
Medikamente 87ff.
Muskelfasern 40ff., 44
Muskelkater 51
Muskelketten 45
Muskeln 38ff., 62ff.
- Funktionen 62ff.
Muskelwachstum 10

Nahrungszusätze 86f.
Nautilus-Maschinen 32f.
Negativ-Methode 70
Nutzen des Krafttrainings 9ff.

Parasympathikus 59
Pausen im Training 41 f.
Profis 50f.
Protein 86f.
Pullover 32, 44

Rehabilitation 10f., 28, 72
Rückenmuskel 63
Rudern in Bauchlage 76
Rudern mit einem Arm 75
Rundmuskel 63

Sägemuskel 62
Sauna 90
Scheibenhantel 31
Schenkelanzieher 64
Schenkelbeuger 65
Schenkelmuskel 64
Schienbeinmuskel 64

Register

Schlankheitsdiät 87
Schneidermuskel 64
Schnellkraft 52
Schollenmuskel 65
Schrägbankdrücken 77
Schulterheben 76
Schwächung des Körpers 8
Seilzug, beidarmiger 78
 - mit Parallelgriff 80f
Seitbeuge 82f.
Seitheben 79
 - in Bauchlage 79
 - in Schräglage 79
Seitsenken 77
 - der Beine 74
Sexualität 91
Spezialübungen 72ff.
Streckmuskeln 63
Superkompensation 8ff.
Sympathikus 59

Testosteron 88
Tonnen-Theorie 51
Tonus 25
Torsomuskulatur 62f.

Trainer 92
Trainingsgelegenheiten 91f.
Trainingsraum, eigener 92
Trainingszeit 9, 50, 60
Trapezmuskel 62

Übertraining 51
Überzug 75
 - gestreckter 75, 84
 - mit gestreckten Armen 84
Umfang der Übungen 39f.
Unterschenkelbeuge 73

Vitamine 87
Vorermüdungs-Prinzip 66, 75, 84f.
Vorwärtsheben 80

Widerstand 29ff.
Wiederholungen 53f.

Zehenstrecker 64
Ziehen zum Nacken 76
Ziehen zur Brust 70, 75
Zugapparate 32
Zwillingswadenmuskel 65

Sport

Ratgeber für Reiter
Reiten im Bild
Von H. Werner – 128 S., geb.,
142 Farbfotos, 104 Farbzeichnungen.
ISBN: 3-8068-4847-5
Preis: DM 29,90; öS 220,–; sFr. 29.90

Umfassend: die Grundausbildung des Reiters in Springen, Dressur und Geländeritt. Anschaulich: Über 240 Abbildungen zeigen, wie es gemacht wird.

Weitere Titel:
4792-4 Reiten im Geände
4797-5 Ich will reiten lernen
1556-9 Fit im Sattel
4716-9 Reiten auf Gangpferden
2322-7 Reiten

Golf
Neue Wege zum erfolgreichen Spiel
Von O. Heuler – 144 S., geb.,
246 Farbabbildungen.
ISBN: 3-8068-4509-3
Preis: DM 59,90; öS 440,–; sFr. 59.90

Dem Anfänger werden Elementarkenntnisse zu Technik und Taktik des Golfspiels vermittelt, der Fortgeschrittene erhält Ratschläge zur Weiterentwicklung und Festigung seines Spiels. Fotoserien vom Golfplatz helfen beim Erlernen der richtigen Spieltechnik.

Krafttraining
Von W. Kieser –
104 S. kart., mit Illustrationen
ISBN: 3-635-60011-3
Preis: DM 12,90; öS 95,–; sFr. 12.90

Die praxisnahen Trainingspläne ermöglichen ein problemloses Anpassen der einzelnen Übungen an individuelle Bedürfnisse.

Gesund und fit durch Gymnastik
Hrsg. U. Birkner – 88 S., kart.
ISBN: 3-8068-1547-X
Preis: DM 12,90; öS 95,–; sFr. 12.90

Das Buch enthält Gymnastikprogramme für Frauen, die fit, gesund und aktiv sein möchten. Sie finden über 100 präzise erläuterte und durch Fotos veranschaulichte Übungen, die nach Körperzonen geordnet sind.

Streetball
Technik, Taktik, Spiel
Von J. Benzler, T. Paganetti – 80 S., kart., 44 Fotos, 39 Farbzeichnungen, durchgehend vierfarbig.
ISBN: 3-8068-1465-1
Preis: DM 19,90; öS 148,–; sFr. 19.90

Streetball ist in! Die vereinfachte Variante des Basketballspiels erfreut sich unter Jugendlichen größter Beliebtheit. Kampagnen der Sportartikelindustrie und öffentlich ausgetragene Wettkämpfe sorgen für Aufsehen.

Mensch und Gesundheit

Autogenes Training
Von P. Kruse, B. Pavlekovic, K. Haak –
118 S., kart., durchgehend zweifarbig.
ISBN: 3-8068-**1278**-0
Preis: DM 24,90; öS 185,–; sFr. 24.90

In diesem Buch wird der Wechselwirkung zwischen Körper und Seele ebenso breiter Raum gewidmet wie den Basisübungen des autogenen Trainings. Dieses Grundwissen wird anhand verschiedener Alltagssituationen in die Praxis umgesetzt.

FALKEN VIDEO
TELE-Rückenschule
VHS, ca. 60 Minuten, in Farbe,
mit Begleitbroschüre
ISBN: 3-8068-**6108**-0
Preis: DM 49,95; öS 399,–; sFr. 49.90
(unverbindliche Preisempfehlung)

Dieser Videokurs gibt zahlreiche Vorsorgetips und zeigt mit speziellen Übungsformen das Training der vernachlässigten Rückenmuskulatur. So wird die Haltung sichtbar verbessert, und mit dem Schutz vor neuen Rückenschmerzen geht eine Steigerung des Selbstbewußtseins einher.

Blütentherapie nach Dr. Bach
Von I. Wenzel – 104 S., kart.,
durchgehend zweifarbig.
ISBN: 3-635-**60019**-9
Preis: ca. **DM 12,90**; öS 95,–; sFr. 12.90

Das Buch informiert über die erstaunlichen Wirkungsweisen verschiedener Blüten und zeigt die vielfältigen Einsatzmöglichkeiten bei der Behandlung.

Qigong. Hilfen für den Alltag
Von L. U. Schoefer –
96 S., kart., durchgehend vierfarbig,
140 Fotos, 15 Zeichnungen.
ISBN: 3-8068-**1316**-7
Preis: DM 19,90; öS 148,–; sFr. 19.90

Qigong ist eine chinesische Bewegungs- und Atemtherapie, die es leicht macht, in der Hektik unserer Zeit zu mehr Ruhe, Gelassenheit und Gesundheit zu finden.

Aromatherapie
Gesundheit und Entspannung
durch ätherische Öle
Von K. Schutt – 96 S., kart.,
40 zweifarbige Abbildungen.
ISBN: 3-8068-**1131**-8
Preis: DM 14,90; öS 110,–; sFr. 14.90

Alles über bewährte Heilkräuter und Essenzen sowie ihre Wirkung auf Körper und Psyche. Anleitungen zum Sammeln, Anbauen und Lagern der Pflanzen. Die Rezepturen ermöglichen es, Duftöle selbst herzustellen. Mit vielen Tips zum Kochen mit natürlichen Aromen.

Fitneß

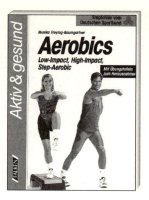

Fit forever
Körpergerechte Trainingsprogramme
für Spaß und Wohlbefinden
Von M. Sauer, J. Schuhn – 112 S.,
kart., zahlr. Fotos, durchg. vierfarbig.
ISBN: 3-8068-**1602**-6
Preis: DM 19,90; öS 148,–; sFr. 19.90
Übungen zur Verbesserung von Ausdauer, Kraft und Beweglichkeit nach aktuellsten Forschungsergebnissen aus der Sportmedizin. Jeder kann ohne Risiko mittrainieren und sich „fit forever" halten.

Aktiv und gesund
Wirbelsäulengymnastik
Von L. Keller – 40 S., kart.,
109 Farbfotos, 8 Ausklapptafeln.
ISBN: 3-8068-**1246**-2
Preis: DM 29,90; öS 220,–; sFr. 29.90
Rückentraining und Wirbelsäulengymnastik stärken das Rückgrat. Dieses Buch gibt praktische Anleitungen für korrekte Körperhaltung, gesunden Freizeitsport und beinhaltet wirkungsvolle Übungsprogramme.

Aktiv und gesund
Fitneßtraining
Von M. Schreiber –
32 S., Spiralbindung, 84 Farbfotos.
ISBN: 3-8068-**1245**-4
Preis: DM 29,80; öS 220,–; sFr. 29.90
Das Buch bietet ein maßgeschneidertes Trainingsprogramm für Frauen, die zu Hause und ohne großen Geräteaufwand etwas für Figur und Gesundheit tun wollen.

Aktiv und gesund
Aerobics
Von M. Freytag-Baumgartner –
44 S., Spiralbindung, 84 Farbfotos,
8 Ausklapptafeln.
ISBN: 3-8068-**1421**-X
Preis: DM 29,90; öS 220,–; sFr. 29.90
Mit Low-Impact, High-Impact und Step-Aerobic werden die wichtigsten Trainingsformen dieser beliebten Gymnastikart ausführlich in Wort und Bild dargestellt.

Bodybuilding für Frauen
Von E. Wanghofer –
88 S., kart., zahlreiche Abbildungen.
ISBN: 3-8068-**1510**-0
Preis: DM 12,90; öS 95,–; sFr. 12.90
Auf dem Weg zur Idealfigur kann Bodybuilding eine wertvolle Hilfe sein. Das Buch stellt speziell für Frauen geeignete Übungsprogramme vor.

Fit und gesund
Von S. Starischka, F.-J. Bredel –
112 S., kart., durchgehend vierfarbig.
ISBN: 3-8068-**1555**-0
Preis: DM 19,90; öS 148,–; sFr. 19.90
In diesem Buch zeigen renommierte Sportwissenschaftler, wie man mit Hilfe von Heimtrainingsgeräten fit und gesund bleibt. Professionelle Trainingsprogramme geben wertvolle Anregungen für Anfänger und Fortgeschrittene.

freundin Ratgeber

freundin – Der große Ratgeber
Die neue Farbberatung
Mode – Make-up – Haare – Muster – Materialien
Von G. Watermann, F. Zingel –
128 S., geb., zahlr. vierfbg. Abb.
ISBN: 3-8068-4782-7
Preis: DM 39,90; öS 295,–; sFr. 39.90
Erst die typgerechte Farbwahl bringt die individuellen Nuancen unserer Persönlichkeit so richtig zur Geltung.

freundin – Der große Ratgeber
Das perfekte Make-up
Die besten Profi-Tips für jeden Typ
Von M. Rüdiger, H. Kirchberger, G. Mergenburg – 128 S., geb., 271 Farbfotos.
ISBN: 3-8068-4727-4
Preis: DM 39,90; öS 295,–; sFr. 39.90
Dieses Buch gibt wertvolle Tips für die Hautpflege und zeigt viele Tricks, mit denen kleine Schönheitsprobleme geschickt ausgeglichen werden können.

freundin – Der große Ratgeber
Farbberatung für die Wohnung
Farben – Formen – Licht – Strukturen
Von G. Watermann –
128 S., geb., 134 Farbfotos.
ISBN: 3-8068-4743-6
Preis: DM 49,90; öS 370,–; sFr. 49.90
Dieser Ratgeber zeigt, wie man durch die richtige Farbwahl mit Hilfe der Jahreszeitentypologie die Atmosphäre der Wohnung bewußt gestalten kann.

freundin – Der große Ratgeber
Body Fitness
Diät – Pflege – Bräune – Gymnastik – Anti-Cellulite-Programm
Von M. Bückmann, L. Großhans, C. Rieger, E. Bolz –
128 S., geb., 185 Farbfotos.
ISBN: 3-8068-4758-4
Preis: DM 39,90; öS 295,–; sFr. 39.90
Ein Buch zum Thema Fitneß, gesunde Ernährung und Schönheit für alle Frauen, die Wert auf einen schönen Körper legen.

freundin – Der große Ratgeber
Super-Teint
Optimale Pflege – Geeignete Produkte – Hilfe bei Problemhaut – Schönheit von innen
Von E. Bolz – 128 S., geb., durchgehend vierfarbig.
ISBN: 3-8068-4788-6
Preis: DM 39,90; öS 295,–; sFr. 39.90
Dieses Buch bietet alles, was Frauen über die optimale Pflege des Teints wissen wollen.

freundin – Der große Ratgeber
Typ und Frisur
Schnitt – Styling – Pflege – Farbe
Von E. Bolz – 128 S., geb., 219 Farbfotos.
ISBN: 3-8068-4695-2
Preis: DM 39,90; öS 295,–; sFr. 39.90
Die schönsten Ideen und kreativsten Einfälle rund ums Haar.

Diät/Diabetiker

DIÄT HEUTE
Diät bei Krankheiten des Magens und des Zwölffingerdarms
Von H. Kaess, B. Zöllner –
96 S., kart., 35 Farbfotos.
ISBN: 3-8068-**3201**-3
Preis: DM 16,90; öS 125,–; sFr. 16.90

Mit sachkundigen Informationen zu den häufigsten Magen- und Zwölffingerdarmerkrankungen und umfassenden Erläuterungen der Diätprinzipien. Abwechslungsreicher Rezeptteil mit Berechnungstabellen für die wichtigsten Inhaltsstoffe.

Weitere Titel aus dieser Reihe:
3202-1 Diät bei Herzkrankheiten und Bluthochdruck
3203-X Diät bei Erkrankungen der Nieren, Harnwege und bei Dialysebehandlung
3205-6 Diät bei Gicht und Harnsäuresteinen
3206-4 Diät bei Zuckerkrankheit
3207-2 Diät bei Krankheiten der Gallenblase, Leber und Bauchspeicheldrüse

Kochen und Backen für Diabetiker
Von M. Toeller, W. Schuhmacher,
A. Groote, A. Klischan – 176 S., geb.,
184 Farbfotos.
ISBN: 3-8068-**4467**-4
Preis: DM 39,90; öS 295,–; sFr. 39.90

Über 230 schmackhafte Rezepte nicht nur für die Betroffenen, sondern für die ganze Familie.

Gerichte für Diabetiker
Von M. Oehlrich – ca. 128 S., kart.,
erscheint November 1995.
ISBN: 3-635-**60033**-4
Preis: ca. DM 14,90; öS 110,–; sFr. 14.90

Attraktive Rezepte für leckere Gerichte zeigen: Diät muß nicht fade sein.

Backen ohne Zucker
Von H. Erkelenz – ca. 128 S., kart.,
erscheint April 1996.
ISBN: 3-635-**60098**-9
Preis: ca. DM 12,90; öS 95,–; sFr. 12.90

Alles über alternative Süßungsmittel und den Umgang mit Fruchtzucker.

Kochen und Backen bei Nahrungsmittel-Allergien
Von C. Thiel, A. Ilies –
128 S., geb., 90 Farbfotos.
ISBN: 3-8068-**4745**-2
Preis: DM 39,90; öS 295,–; sFr. 39.90

So vermeidet man allergische Reaktionen durch Verwendung unbedenklicher Zutaten.